(DES)CONECTE-SE

(DES)CONECTE-SE

COMO SE CONECTAR COM SEU FILHO PARA ELE SE DESCONECTAR DAS TELAS

2022

Licia Assbu

70

(DES)CONECTE-SE
COMO SE CONECTAR COM SEU FILHO PARA ELE SE DESCONECTAR DAS TELAS

AUTOR: Licia Assbu

DIRETOR DA ALMEDINA BRASIL: Rodrigo Mentz
EDITOR DE CIÊNCIAS SOCIAIS E HUMANAS: Marco Pace
ASSISTENTES EDITORIAIS: Isabela Leite e Larissa Nogueira

REVISÃO: Marco Rigobelli
DIAGRAMAÇÃO: Almedina
DESIGN DE CAPA: Roberta Bassanetto

ISBN: 9786586618990
Abril, 2022

Dados Internacionais de Catalogação na Publicação (CIP)
(Câmara Brasileira do Livro, SP, Brasil)

Assbu, Licia
(Des)conecte-se : como se conectar com seu filho
para ele se desconectar das telas / Licia Assbu. --
São Paulo : Almedina, 2022.

Bibliografia.
ISBN 978-65-86618-99-0

1. Computadores e crianças 2. Educação de
filhos 3. Internet e crianças 4. Pais e filhos -
Relacionamentos 5. Parentalidade 6. Redes sociais
on-line - Aspectos sociais I. Título.

22-99943 CDD-370.15

Índices para catálogo sistemático:

1. Internet : Pais e filhos : Educação 370.15

Cibele Maria Dias - Bibliotecária - CRB-8/9427

Este livro segue as regras do novo Acordo Ortográfico da Língua Portuguesa (1990).

EDITORA: Almedina Brasil
Rua José Maria Lisboa, 860, Conj.131 e 132, Jardim Paulista | 01423-001 São Paulo | Brasil
editora@almedina.com.br
www.almedina.com.br

AGRADECIMENTOS

Agradeço às inúmeras pessoas que me ajudaram a chegar até aqui. Família, amigos, companheiros de trabalho, pacientes, mestres, autores, ouvintes... Algumas me mostraram o caminho, outras compartilharam tantos aprendizados, pessoas com as mais diversas perguntas que provocaram as mais lindas reflexões, pacientes que dividiram sua história e a beleza da ser quem se é comigo...

Mas quatro pessoas, em especial, tornaram esse sonho possível e me ajudaram a concretizar esse caminhar. E não poderia jamais finalizar esse projeto sem mencioná-las.

Primeiramente meus filhos, Antonio e Alice, que me mostraram o poder do verdadeiro amor incondicional e que me transformaram e transformam todos os dias. Agradeço a generosidade deles, que através de seus comportamentos puderam me mostrar um caminhar maravilhoso e um mundo de descobertas. Agradeço também a paciência durante os inúmeros dias de escrita e a colaboração que cada um me deu para chegar até aqui.

Agradeço também a meu marido, Flávio Janones, meu companheiro e maior incentivador deste livro. Aquele que acreditou que eu conseguiria cumprir os prazos quando nem mesmo eu acreditava. Me apoiou em todas as decisões e fez um novo caminhar junto comigo ainda mais lindo.

Ao amigo Diego Travez, da DMT palestras, por acreditar em mim e mostrar que um novo caminho é sempre possível. Você tornou esse caminho muito mais fácil!

Finalizo deixando minha gratidão a todos que de alguma forma contribuíram e aos futuros leitores. Que este livro possa ser fonte de transformação para nosso olhar para infância. Que tenhamos consciência da importância da relação que construímos com nossos filhos e de como isso impactará diretamente no futuro de todos nós.

Um abraço e boa leitura!

SUMÁRIO

INTRODUÇÃO

Temos visto nossas crianças e jovens passando cada vez mais tempo nas telas. Vivemos em tempos de rápida transformação digital, em que somos impactados pelas novas tecnologias, redes sociais e plataformas diversas de entretenimento, desde a maternidade até a jornada escolar. Seja por diversão, por necessidade (aulas, pesquisas, busca de informações), necessidade dos pais que acabam usando as telas como forma de entreter seus filhos ou até mesmo quando não se sabe mais o porquê, pois o uso já se tornou um vício.

Pesquisas nos mostram que praticamente todo adolescente norte-americano tem hoje acesso fácil a uma ou mais conexões móveis, com mais de 90% deles *online* todos os dias. O uso das tecnologias está tão embutido no nosso cotidiano, alterou tão rapidamente nosso estilo de vida e nossa forma de comunicação, que se torna difícil definir o que é um uso normal e o que pode não ser saudável. (YUNG, 2019)

De um lado temos a atratividade das telas, os recursos dos jogos que exploram determinadas áreas do cérebro que causam dependência, as artimanhas de engajamento das redes sociais etc. E de outro, temos pais cada vez mais ocupados, demandas de trabalho cada vez mais urgentes, tempo cada vez mais escasso e adultos carentes de suas necessidades que nunca foram atendidas.

A pandemia de COVID-19 alavancou ainda mais a utilização das telas em tempos de pais e responsáveis com cada vez mais atribuições, escolas muitas vezes despreparadas para acompanhar essas novas tendências e desafios e falta de políticas governamentais e educacionais preocupadas com a saúde corporal e mental das crianças que não estão mais brincando nas ruas, parques e áreas esportivas e, acabam ficando cada vez mais conectadas. Torna-se um desafio para pais, responsáveis e educadores gerenciar o uso muitas vezes indiscriminados e intensivo das telas.

As consequências dessa mistura podem ser devastadoras e causar danos desde uma dificuldade de concentração a uma alienação do mundo real.

Pais estressados educarão filhos estressados, por isso é tão importante proporcionar um ambiente favorável para o exercício da parentalidade e possibilitar que os pais deem a seus filhos as habilidades regulatórias e a confiança emocional que eles precisam.

O objetivo deste livro é trazer consciência e responsabilidade para o exercício da parentalidade consciente e o poder da relação entre pais e filhos, pois as telas apresentam riscos, seu uso já vinha aumentado e, durante a pandemia de COVID-19, esse crescimento se intensificou ainda mais. E as consequências desse aumento podem ser vistos algumas a curtos, outras a médio e outras apenas a longo a prazo, por isso a importância de trazermos luz hoje para essa questão.

Dentre os sintomas mais comuns atrelados ao uso intensivo de telas estão: distúrbios do sono, cefaleia, dificuldades de concentração, obesidade, hábitos sedentários, distúrbios posturais, perda da audição, olhos secos, miopia entre outros.

Além desses sintomas, ainda temos uma preocupação maior com as crianças e adolescentes que, com um uso indiscriminado, podem deixar de brincar e interagir no mundo real com amigos e família, ou terem acesso a conteúdos impróprios, "adultizarem-se" com o uso de redes sociais, sentirem necessidade de validação externa o tempo todo (como *likes* e visualizações nas redes sociais) etc. E como se isso por si só não fosse prejudicial o suficiente, temos que lembrar que o cérebro das crianças e adolescentes ainda está em formação (até aproximadamente 23 anos) sendo suas consequências ainda maiores.

Muito se fala em dependência das telas, mas estabelecer esse limite do que é um uso comum e do que já passa a ser um hábito não saudável se torna cada vez mais difícil. Primeiro, pois além do tempo de uso, tão importante ou ainda mais é o conteúdo que está sendo acessado. Somando a essa dificuldade, ainda temos o fato de que diferente das dependências do abuso de substâncias como álcool ou drogas, o uso de telas é necessário para a vida cotidiana. As telas tornaram-se tão onipresentes e integradas em praticamente todos os aspectos, seja do mundo do trabalho ou rotina diária, que a conectividade se torna necessária constantemente. Para crianças e adolescentes, então, a tecnologia se torna indispensável até nas escolas, seja para acessar conteúdos, fazer e enviar a lição de casa, pesquisas ou comunicar-se com os professores.

Não queremos aqui vilanizar as telas, sendo muitas vezes um recurso necessário e atual, que já faz parte da vida de todos. E sim, mostrar a importância da conexão real entre pais e filhos e como esse vínculo poderoso pode mudar toda uma realidade dentro de casa, transformando o ambiente num local harmônico e o verdadeiro porto seguro de nossos filhos, no qual as telas passam a ser coadjuvantes na rotina, são ferramentas e não fonte de satisfação de vício.

Os vícios, as relações de dependência, tem sua origem nos vazios emocionais internos. Eles surgem como uma solução para um problema, uma forma de preencher esse vazio. A ideia deste livro é mostrar os riscos das telas e o poder de uma relação saudável entre pais e filhos que irá minimizar ou excluir esses vazios emocionais, sendo o vício não mais necessário.

O grande objetivo de quem pratica uma parentalidade consciente não é mudar a criança nem o seu comportamento para conseguir aquilo que se quer, mas sim, criar uma relação significativa, tendo como base o respeito mútuo, a honestidade, empatia e de fato demonstrar o amor incondicional a nossos filhos.

As crianças nos exigem uma grande quantidade de proteção e cuidado, mas nos recompensam com a devoção a seus cuidadores, independente de entregarmos a elas ou não. Elas sim nos demonstram o tempo todo o amor incondicional. Já os pais, muitas vezes estão tão ocupados, com tantas responsabilidades e afazeres que acabam fazendo com que as crianças não se sintam amadas. Seja por ter pouco tempo ou disponibilidade para demonstrarem esse amor, seja porque passam mais tempo fazendo correções, críticas, tentando modificar o comportamento das crianças com base nas suas expectativas, que acabam não demonstrando todo esse amor. Amor esse, essencial para a organização psicológica básica que é aprendida com as experiências generalizadas nos primeiros meses e anos.

A rotina familiar hoje exige muito mais de seus participantes. Temos mulheres ganhando cada vez mais destaque no mercado de trabalho, mas isso acaba contribuindo para aumentar ainda mais sua sobrecarga materna. Elas têm que dar conta da carreira, da casa, dos filhos e todas as preocupações maternas que acompanham a vida de uma mãe diariamente (se as vacinas estão em dia, se está se alimentando corretamente, se comprou o material que a escola pediu, se tem uniforme, se as calças ainda servem, pois o frio está chegando etc.) Sabemos que os pais têm se tornado cada vez mais presentes acompanhando e respondendo a essas demandas com os filhos – o que também os sobrecarrega. Mas o que ainda ocorre na maioria (não exclusivamente) das famílias é que a sobrecarga mental ainda é muito maior com as mães, os pais passaram a executar, mas o que precisa ser executado ainda está, na maior parte das vezes, nas cabeças das mães. E com isso tudo nutrir nossos filhos emocionalmente, brincar com eles, colocá-los para dormir com calma, conversarmos sobre o dia, dar aquele banho neles com tranquilidade e brincadeiras, vai ficando para segundo plano, como se isso fosse menos importante. Quando, na verdade, essa é a maior nutrição da qual eles precisam.

Alguns podem até dizer que foram educados à moda antiga, com palmadas, castigos e sobreviveram. Mas é certo que havia pouco foco para o desenvolvimento emocional durante o processo e hoje já temos formas e ciências (como a neurociência) para nos provar a importância disso. Não basta sobreviver, queremos um mundo melhor para nossos filhos e precisamos ajudá-los nessa construção.

Queremos criar crianças emocionalmente inteligentes que são as que tomam as melhores decisões. E essa competência se desenvolve na infância, com base nas experiências, quanto mais positivas, mais forte e emocionalmente segura essa criança será.

Também não queremos com este livro vilanizar os pais. Nem colocar sobre eles mais culpa do que com certeza já têm. Queremos sim trazer consciência para o exercício da parentalidade e de como uma relação saudável entre filhos e pais e/ou cuidadores pode facilitar todo o resto, inclusive diminuir o tempo nas telas.

Se dedicarmos tempo de qualidade a nossos filhos, soubermos nos comunicar com eles, sermos responsivos às suas necessidades, termos consciência das nossas necessidades e do porquê é tão difícil atendermos as deles, abolirmos certos "manuais e checklists" de maternidade, nos preocuparmos mais com os nossos filhos do que com que os outros pensam a respeito da educação que damos a eles, com certeza poderemos criar um vínculo poderoso e uma conexão real com eles.

E quando os pais ou cuidadores lerem algo aqui e pensarem que fizeram errado, que não podiam ter feito de uma forma ou de outra, vale lembrar que sempre entregamos a nossos filhos nosso melhor, aquilo que demos conta naquele momento e que tínhamos consciência. Se a consciência veio mais tarde, não se preocupem, o cérebro está em formação até os 23 anos, aproximadamente, e é plástico, ou seja, sempre é possível mudar e transformar a relação e o vínculo com nossos filhos.

Atuar através de uma parentalidade consciente é lançar o olhar para o que a criança está mostrando para gente e muitas vezes (na maioria delas) sobre o que precisamos revisitar em nós. Pode ser uma dificuldade de largar a chupeta, pode ser dificuldades para dormir, enurese noturna, pode ser relacionado a alimentação ou as telas – fonte deste livro, tudo isso são formas do nosso filho nos mostrar que algo não vai bem, que alguma necessidade não está sendo atendida e que precisamos, de alguma forma, nos conectar a eles.

Aqui, falaremos de várias formas potentes de conexão e explicaremos o porquê muitas vezes das dificuldades. Falaremos que comportamentos desafiadores são sinais que nossos filhos nos dão – e não eles – para mostrar que algo não vai bem. Falaremos da teoria do apego, da importância do brincar, da forma de nos comunicarmos com nossos filhos, apresentaremos pesquisas sobre o uso de telas, traremos contribuições da disciplina positiva e mostraremos como a neurociência hoje já valida e comprova como tudo isso influencia diretamente no cérebro dos nossos filhos. Mostraremos porque é tão importante viver com um novo olhar para infância e não mais sobreviver aos modos arcaicos e prejudiciais educacionais.

Se alcançarmos essa conexão, se construirmos uma relação de intimidade emocional com nossos filhos, se formos responsivos às suas necessidades, se entendermos os seus comportamentos e o que eles nos dizem, não abriremos ou diminuiremos os espaços para os vazios que criam os vícios e dependências. Não teremos mais problema para desconectarmos eles das telas. Se conseguirmos construir essa relação de qualidade e entrega com nossos filhos não há dúvidas que seremos o porto seguro deles, que iremos prepará-los para fazer as escolhas certas, para que saibam dizer não frente aos perigos, mas que se ainda assim eles escolherem errado, eles saberão que somos as pessoas para quem eles podem voltar, seremos sempre seu porto seguro. E não há dúvidas que isso é o que todos os pais esperam dessa, que é a relação mais importante de suas vidas.

1. DE ONDE A (DES)CONEXÃO VEM?

Tudo começa naturalmente e de forma benigna. Pais ficam impressionados em como o celular contagia seus bebês e a esperteza deles diante deste. Pais em restaurantes entregam aparelhos eletrônicos para seus filhos para que consigam almoçar em paz. Smartphones são dados como presentes para crianças cada vez mais novas. Crianças e adolescentes tornam-se craques em jogos online. Jovens fazem seus trabalhos acadêmicos com várias janelas abertas, troca de mensagens com amigos, jogando, tudo ao mesmo tempo. E aumentar ainda mais o uso de telas, durante a pandemia de COVID-19, foi quase uma necessidade básica. Seja pelas aulas online, seja por diversão (cada vez mais escassas na pandemia) ou por uma necessidade dos pais que muitas vezes precisam distrair os filhos para conseguir trabalhar ou fazer qualquer outra atividade.

Apesar de existirem pessoas que conseguem extinguir o uso das telas pelos seus filhos, ou limitar o tempo de uso ao recomendado pela associação brasileira de pediatria, sabemos que diante dos desafios atuais, da dificuldade de uma rede de apoio efetiva e das demandas do dia a dia, essas pessoas são uma minoria.

Não queremos aqui colocar a tela como inimiga, muito menos como vilã, e sim trazer luz à responsabilidade e consciência no exercício da parentalidade para seus perigos e para a potência de uma relação de qualidade entre pais e filhos.

A transformação digital já é uma realidade e afeta toda a nossa forma de comunicação e comportamento e a consequência dela (muitas vezes ainda intangível) com certeza será muito maior no grupo de crianças e adolescentes.

Pais deixam os filhos bebês no tablet para conseguir tomar banho com calma, comer ou fazer qualquer outra atividade necessária enquanto o filho fica distraído e extasiado com os vídeos, músicas e cores. O que ocorre é que o bebê gosta tanto, que os pais acabam deixando mais um pouquinho, depois mais um pouquinho... O bebê passa a demandar dos pais cada vez menos e eles se acostumam com isso. Quando a criança chora, torna-se simples "emprestar" o celular para que ela "sossegue" e a paz continue.

O que ocorre é que vivemos em um mundo com cada vez mais demandas e sentimos cada vez mais a necessidade de darmos conta de tudo. E essas "demandas" que temos que dar conta no mundo de hoje são inversamente proporcionais à nossa rede de apoio. Vivemos cada vez menos em comunidade, muitas vezes não conhecendo nem mesmo nossos vizinhos e isso resulta numa rede de apoio cada vez menor.

É como se, para ser feliz hoje, ou ter uma vida de sucesso, você precisasse cumprir uma lista de exigências, dentre elas: ter uma carreira de sucesso da qual se orgulhe e trabalhe muito, comer corretamente, ter um corpo de acordo com os padrões, praticar exercícios físicos, possuir os bens materiais desejáveis do momento, ter uma vida social e viagens dignas de causar inveja nas redes sociais.

Quando o assunto é maternidade ou paternidade, essa lista só aumenta. Começamos pelo enxoval dos bebês, cada vez mais rebuscados, os brinquedos cada vez mais atrativos e automatizados, filhos autossuficientes em que nós pais escolhemos a "hora certa" da retirada da chupeta, do desfralde, que andam antes de completar um ano, dormem a noite inteira, jamais fazem pirraça, se alimentam com 5 cores no prato, têm uma rotina rígida e poderosa para que os pais tenham tempo e as crianças não invadam o espaço deles. É como se para ser uma boa mãe ou pai precisássemos cumprir uma lista de requisitos e provar para os demais, seja fotografando os pratos dos nossos filhos e postando nas redes sociais, seja contanto e se gabando para todos o quão mais esperto que o coleguinha ele é por ter andado primeiro ou seja criticando os demais que ainda não tiveram o êxito que nossos filhos têm.

O que não percebemos é que essas listas, "*checklists*" de vida ou maternidade perfeitas não existem e o que elas criam na verdade é uma desconexão com nossos próprios filhos. Como podemos falar em "manuais e listas" para algo tão singular como cada um de nós? Como podemos supor que a mesma coisa ou forma que dá certo para um, irá obrigatoriamente dar certo para outro se somos todos tão diferentes? Para comprovar isso é só perguntar para quem é mãe ou pai de mais de um se a mesma atitude funcionou exatamente igual com dois ou mais filhos.

A mãe passa tanto tempo preocupada com quantas cores tem no prato do filho, quantos tipos de fruta ele come, anotar quantas horas ele dormiu, que esquece que o mais importante é observar, estar atenta às necessidades daquela criança, estar em simbiose com ela. Entender que aquele choro na hora do almoço não é devido à comida e sim a um fato anterior, e a mãe é capaz de entender isso quando está em profunda conexão com seu filho.

Diante de tantas listas, de tantas demandas, resta para as crianças cooperarem. Se os pais relutam para que as crianças cumpram essas listas e as desafiam o tempo todo para atender a essas demandas, as crianças cooperarão com comportamentos desafiadores (confrontando desafio com desafio), ou perderão sua iniciativa completamente, muitas vezes ferindo sua própria integridade, sendo uma criança "boazinha", que não dá trabalho. E o que muitos pais não percebem é que essas crianças tão boas e obedientes estão ferindo sua própria integridade e provavelmente isso terá um preço, seja na adolescência ou na vida adulta.

Querem um exemplo clássico da cooperação das crianças? O uso das telas. As crianças em casa querem os pais, mas percebem que eles também têm outras coisas para fazer e aí de forma cooperativa elas passam cada vez mais tempo nas telas.

Depois culpamos a adolescência por ser uma fase difícil. O que ocorre é que a adolescência é o segundo nascimento, a segunda oportunidade de conexão com seu filho. E se ele cooperou na infância, pode ser que na adolescência, com a energia vital dele a todo o vapor, vá brigar por sua integridade e por isso conflitos surgirão. Ou, ele pode mais uma vez cooperar na adolescência, ser um adolescente "bonzinho" e chegar na idade adulta com ainda mais vazios emocionais manifestados através da obesidade, vício por trabalho, bebidas, ou qualquer outro tipo de vício ou dependência. Até mesmo os que consideramos como bons como "vício em leitura", "vício em trabalho", excesso de disciplina e rigidez vem de vazios emocionais.

E por que muitas vezes pedimos cooperação às crianças e achamos que elas não cooperam? Porque muitas vezes não prestamos atenção ao comportamento das crianças ou porque não entendemos, pois, a cooperação dela pode se manifestar de duas formas distintas. Ela pode cooperar de forma direta ou imitar o comportamento dos pais. Exemplos: Crianças que são tratadas com respeito, tratam aos demais com respeito. Crianças pelas quais há preocupação também se preocupam com os demais. Crianças que têm sua integridade respeitada, não violam a integridade dos outros (JUUL, 2002).

Também existem as crianças que cooperam de modo invertido. Elas agem de maneira que pareça opositora porque, na verdade, elas estão virando seu comportamento para dentro. Entretanto, motivadas pelo desejo de cooperar. Exemplos: Crianças que são criticadas se tornam críticas ou autocriticas. Crianças que vivem em lares violentos tornam-se violentas ou autodestrutivas. Crianças que crescem em famílias pouco expressivas tornam-se silenciosas ou tagarelas. Crianças que estão sujeitas a abuso de violência tornam-se excessivas ou autodestrutivas.

As crianças cooperam indo à raiz do problema, elas buscam conseguir um bem-estar familiar e, por isso, muitas vezes se metem nos conflitos. As crianças que são confrontadas com comportamentos destrutivos dos adultos, cooperam de modo invertido na metade das vezes. A outra metade elas cooperam diretamente e são estigmatizadas como "problema" devido a isso. Vale ressaltar que todos nós temos boas razões para fazer o que fazemos (JUUL, 2002).

Destaca-se que os comportamentos desafiadores não são os nossos filhos, eles apenas nos mostram que algo não vai bem com eles. Uma dificuldade na alimentação, noites mal dormidas, acessos de raivas ("pirraças") e até mesmo excesso de telas nos mostram que algo na nossa relação com eles não vai bem. Que está faltando uma conexão conosco para entendermos o que aqueles comportamentos querem nos dizer e mais, se estivéssemos de fato conectados a nossos filhos, provavelmente alguns desses comportamentos desafiadores nem apareceriam.

Mas hoje podemos ter consciência do poder que é essa relação entre pais e filhos. Temos a neurociência para comprovar que quando somos pais responsivos às necessidades dos nossos filhos, que quando damos amor, estabelecemos uma relação de apego seguro, seus cérebros se desenvolvem muito melhor, reduzindo grandiosamente a probabilidade de nossos filhos desenvolverem doenças mentais, depressão, transtornos de ansiedade, vícios dentre tantas outras vantagens. Além disso iremos contribuir para formação de uma sociedade muito mais compassiva e empática.

Mais uma vez, não queremos aqui atribuir culpa aos pais, muito antes pelo contrário, queremos aqui trazer consciência para a potência dessa relação e como ela sim é a fonte de solução. Nossa "desconexão" com nossos filhos vem muitas vezes (na maioria delas) porque também não tivemos conexão com nossos pais quando erámos pequenos. E antes de atribuir a culpa aqui para nossos pais, ressalto que eles também não tiveram. Infelizmente esse é um movimento que vem passando de geração em geração e promove uma sociedade cada vez mais desconectada, competitiva e individualista.

Porém sempre é tempo de reconstruirmos e transformarmos essa relação. Quando bebês o cérebro dos nossos filhos está em pleno desenvolvimento de forma intensa e concentrada, entretanto não é a completude. Vias importantes continuam sendo estabelecidas, especialmente até os 7 anos. O início da adolescência também é um importante momento de reorganização cerebral. Mas mesmo após esses períodos, as mudanças e o desenvolvimento continuam, porque a vida é um processo contínuo de adaptação.

Portanto, estabelecer ou reestabelecer uma relação de qualidade com nossos filhos é crucial para evitarmos ou resgatarmos o interesse no mundo real, a diminuição dos vazios que causam as dependências ou os vícios, a redução do uso de telas e uma harmonia familiar, não uma família perfeita - pois isso não existe, mas uma família feliz, capaz de criar relações com significados e transformarem seus lares num porto seguro bem mais próximos do paraíso do que do inferno.

1.1. Dificuldade para dormir

Certa vez, atendi um casal de pais que me procurou devido ao filho mais novo ter muitas dificuldades para dormir. Eles eram pais do A. B. de 5 anos e de B. C. de 8 anos. O foco era o A. B. que, segundo eles, tinha grande dificuldade para dormir, acordava muito durante a noite.

Durante nossos atendimentos, porém, me chamava muito a atenção que sempre se referiam ao B. C. como um menino muito bom, que não dava trabalho, que eles até esqueciam que estava em casa.

O motivo para o A. B. não dormir ficou muito claro: ele estava lutando por tempo de qualidade com os pais, ele estudava o dia inteiro, tinha atividade extras e em casa tinha que comer na mesa com os pais, não dar trabalho, fazer as atividades de casa e quando ia dormir a falta dos pais falava mais alto, por isso tantas acordadas noturnas.

Mas tinha algo ali que não consegui deixar passar. Como A. B. não tinha tempo de qualidade, enquanto B. C. tinha para que não sentisse falta? Comecei a investigar e perguntei o que B. C. fazia quando chegava da escola e estavam todos em casa. "Ah, ele fica no computador!". E aos finais de semana? "B. C. é um menino muito tranquilo, ele prefere sempre ficar na dele, ele fica lá no seu quarto no computador!". E quando vocês saem de casa, passeios em família? "B. C. prefere ficar em casa, mas quando saímos todos juntos ele vai também!". E o que ele faz? "Ah, geralmente, eu empresto meu celular para ele."

Comecei a instigar naqueles pais a reflexão sobre o tempo e uso de telas do B. C. e a medida que eles foram se conscientizando da importância do tempo de qualidade, da conexão com A. B., eles foram percebendo também que faltava na relação com B. C..

Ficou muito claro para todos que as telas estavam ocupando um espaço muito maior na vida de B. C. do que deveriam. Ficou claro também que o uso das telas por B. C. era uma forma dele cooperar com aquela família que tinha pouco tempo de qualidade na relação para exercer com ele. Ficou ainda mais claro que o uso das telas vinha como uma forma de preencher um vazio que a falta dessa relação de qualidade causou.

E como ter ou manter essa relação de qualidade? É sobre isso que falaremos nos próximos capítulos.

2. SOBRE AS TELAS

2.1. João e sua escolha profissional

Certa vez atendi um casal que me procurou para que eu pudesse realizar uma orientação profissional com seu filho João, de 16 anos. Eles estavam muito preocupados, pois o filho disse não querer fazer faculdade. O adolescente afirmava que queria trabalhar com computadores e que para isso não precisaria de um curso superior.

Expliquei aos pais a minha forma de trabalho, que baseava toda minha orientação profissional no autoconhecimento e que existia a possibilidade de chegarmos ao mesmo caminho que João já havia relatado. Eles aceitaram, então marquei o primeiro atendimento com o menino.

João foi aos primeiros atendimentos mais introspectivo, desconfiado, as vezes com sinais de ansiedade, como se estivesse ali apenas por exigência dos pais (o que de fato era real no começo). Aos poucos fomos estabelecendo um vínculo e aqueles encontros passaram a ser muito produtivos e prazerosos. Sentia que João estaria ali mesmo se pudesse escolher.

Conversando e conhecendo João pude perceber que ele passava tempo demais nas telas, que praticamente não havia interação com a família. O que demorei um pouco para descobrir é que essa rotina não era apenas de João, mas também de seus pais e sua irmã.

João acabou escolhendo um curso superior, com base no seu autoconhecimento, conhecimento de profissões e conversas com pessoas da área que ele demonstrou mais afinidade. Mas a devolutiva final com os pais dele foi uma das mais difíceis, porque eles olhavam o celular quase que frequentemente. Eu tive que repetir várias falas e por diversas vezes fiquei sem resposta.

Até que questionei eles sobre a influência do excesso de telas na escolha profissional de João, visto que quando ele se desconectou um pouco, sua escolha foi outra. Também questionei sobre como esse excesso estava impactando a interação da família. Pedi a eles que refletissem sobre as consequências que isso poderia trazer para todos em sua casa e recomendei alguns textos.

O fato é que não adianta diminuir o tempo de telas do João se ele não tiver com quem conversar em casa, se não tiver com quem ter um "olho no olho". Se todos não mudarem e diminuírem o uso de eletrônicos, eles acabam sendo um recurso necessário para a falta de interação dentro de casa. E as consequências? Acredito que a escolha errada de uma profissão seja uma das menores delas.

2.2. Telas e famílias

Como sabemos e temos inclusive visto em várias pesquisas recentes, o uso das telas — refiro-me a tablets, computadores, videogames, smartphones e até mesmo as TVS — vem aumentando nos últimos anos e a pandemia de COVID-19 impulsionou ainda mais a utilização de telas por crianças, jovens e adultos. Suas consequências já são visíveis, seja na falta de interesse escolar, seja em uma queda no rendimento, seja no desinteresse em outras atividades, distúrbios alimentares ou do sono, dentre tantas outras consequências que falaremos à frente.

Em 2016, a Sociedade Brasileira de Pediatria (SBP), associação profissional que agrega 25 mil médicos pediatras brasileiros, produziu o primeiro documento sobre Saúde de Crianças e Adolescentes na Era Digital a respeito das demandas das tecnologias da informação e comunicação (TICs), redes sociais e Internet, com recomendações para pais, pediatras e educadores. Tal material vem sofrendo atualizações constantes e os dados abaixo são os mais atuais, da referência 2019-2021.

Segue abaixo as principais orientações do referido material – Manual de Orientação:

- Viver com mais saúde é do lado de cá junto com as crianças e adolescentes, não é do lado de lá das telas, com robôs e algoritmos.
- Crianças com idades entre 2 e 5 anos: limitar o tempo de telas ao máximo de 1 hora/dia, sempre com supervisão de pais/ cuidadores/ responsáveis.
- Crianças com idades entre 6 e 10 anos: limitar o tempo de telas ao máximo de 1-2 horas/dia, sempre com supervisão de pais/ responsáveis.
- Adolescentes com idades entre 11 e 18 anos: limitar o tempo de telas e jogos de videogames a 2-3 horas/dia, e nunca deixar "virar a noite" jogando.
- Não permitir que as crianças e adolescentes fiquem isolados nos quartos com televisão, computador, tablet,

celular, smartphones ou com uso de webcam; estimular o uso nos locais comuns da casa.

- Para toda as idades: nada de telas durante as refeições e desconectar 1-2 horas antes de dormir.
- Oferecer alternativas para atividades esportivas, exercícios ao ar livre ou em contato direto com a natureza, sempre com supervisão responsável.
- Nunca postar foto de crianças e adolescentes em redes sociais públicas, por quaisquer motivos.
- Criar regras saudáveis para o uso de equipamentos e aplicativos digitais, além de regras de segurança, senhas e filtros apropriados para toda família, incluindo momentos de desconexão e mais convivência familiar.
- Encontros com desconhecidos *online* ou *off-line* devem ser evitados, saber com quem e onde seu filho está, e o que está jogando ou sobre conteúdos de risco transmitidos (mensagens, vídeos ou *webcam*), é responsabilidade legal dos pais/cuidadores.
- Estimular a mediação parental das famílias e a alfabetização digital nas escolas com regras éticas de convivência e respeito em todas as idades e situações culturais, para o uso seguro e saudável das tecnologias.
- Conteúdos ou vídeos com teor de violência, abusos, exploração sexual, nudez, pornografia ou produções inadequadas e danosas ao desenvolvimento cerebral e mental de crianças e adolescentes, postados por *cyber* criminosos devem ser denunciados e retirados pelas empresas de entretenimento ou publicidade responsáveis.
- Identificar, avaliar e diagnosticar o uso inadequado precoce, excessivo, prolongado, problemático ou tóxico de crianças e adolescentes para tratamento e intervenções imediatas e prevenção da epidemia de transtornos físicos,

mentais e comportamentais associados ao uso problemático e à dependência digital.

- Leis de proteção social e do uso seguro e ético das tecnologias existem, devem ser respeitadas por todos e multiplicadas em campanhas de educação em saúde accessíveis ao público, em geral.
- Responsabilidade social é também uma questão de direitos à saúde e prevenção de riscos e danos para Crianças e Adolescentes na Era Digital.

Para muitos, essas orientações podem parecer exageradas, arbitrarias ou mesmo sem sentido, mas o que diversas pesquisas nos mostram é que encontramos cada vez mais problemas ligados ao uso excessivo de telas.

Diversos estudos recentes destacam o crescimento da utilização das telas por crianças cada vez mais novas, muitas com menos de 2 anos de idade que já convivem com um ou mais dispositivos móveis em casa. Isso acende um alerta, pois com a tecnologia sendo utilizada cada vez mais em detrimento das brincadeiras e atividades motoras das crianças, isso pode fazer com que a criatividade e a imaginação de nossos jovens sejam deixadas na ociosidade e alguns estudos já sugerem que isso implica no comprometimento do desenvolvimento motor e sensorial ideal (YUNG, 2019).

Outra grande preocupação em relação ao uso indiscriminado de telas por crianças e adolescentes é que eles são entusiásticos das novas tecnologias, porém seus cérebros ainda não desenvolveram a função executiva de autorregulação. O desenvolvimento do cérebro, suas conexões e o seu funcionamento são determinados pelas experiências vividas no decorrer da vida. De acordo com essas experiências, o cérebro vai se especializando em algumas áreas, fortalecendo determinadas conexões e reduzindo outras, sendo que o tempo gasto em frente às telas para fins recreativos pode atrasar a maturação, tanto anatômica quanto funcional.

O próprio Manual de Orientação da SBP apresenta um quadro com os principais problemas Médicos e Alertas de Saúde de Crianças e Adolescentes na Era Digital.

Quadro1. Principais Problemas Médicos e Alertas de Saúde de Crianças e Adolescentes na Era Digital da Sociedade Brasileira de Pediatria, SED@SBP

• Dependência Digital e Uso Problemático das Mídias Interativas.
• Problemas de saúde mental: irritabilidade, ansiedade e depressão.
• Transtornos de déficit de atenção e hiperatividade.
• Transtornos do sono.
• Transtornos de alimentação: sobrepeso/ obesidade e anorexia/ bulimia.
• Sedentarismo e falta de prática de exercícios.
• Bullying e cyberbullying.
• Transtornos de imagem corporal e da autoestima.
• Riscos da sexualidade, nudez, sexting, sextorsão, abuso sexual, estupro virtual.
• Comportamentos auto-lesivos, indução e riscos de suicídio.
• Aumento da Violência, abusos e fatalidades.
• Problemas visuais, miopia e síndrome visual do computador.
• Problemas auditivos e PAIR, perda auditiva induzida pelo ruído.
• Transtornos posturais e musculoesqueléticos.
• Uso de nicotina, vaping, bebidas alcoólicas, maconha, anabolizantes e outras drogras.

Fonte: manual SBP

Por outro lado, sabemos que as telas se tornaram uma ferramenta essencial, seja para interação com os próprios familiares que não moram na mesma casa durante a pandemia, seja como uma ferramenta de pesquisa para auxiliar na escola, seja para ter aulas durante a pandemia, como ferramenta de trabalho, para entretenimento em períodos normais — ainda mais durante a pandemia quando as demais oportunidades de entretenimento ficaram escassas.

Vivemos em um mundo cada vez mais digital, cardápios em restaurantes são substituídos por QR codes e acesso no próprio celular, isso quando nos mesmos não fazemos nosso pedido em uma tela automatizada. Cresce cada vez mais a quantidade de lojas e caixas onde não temos mais atendentes e fechamos nossa própria compra. Bancos se tornam cada vez mais ágeis à medida que realizamos todos os serviços através do aplicativo e instituições de ensino investem e crescem cada vez mais com o uso de tecnologias para aprendizagem.

Já a falta de uma habilidade hoje com as tecnologias nos leva a um analfabetismo digital que nos afetará desde rodas de conversas informais a oportunidades no mercado de trabalho.

Isso nos leva a dois caminhos distintos: de um lado temos um mundo cada vez mais digital e queremos que nossos filhos façam parte dele. De outro temos diversos perigos em relação ao uso de telas e suas consequências parecem fazer cada vez mais parte do nosso dia a dia.

2.3. Telas e pandemia

Em pesquisa realizada pela autora nos meses de maio e junho de 2021, com mais de 3000 respondentes, foi possível avaliar o aumento do uso das telas durante a pandemia e algumas de suas consequências. Sabemos que durante a pandemia muitos tiveram acesso às aulas de forma *online*, o que por si só já aumentaria o tempo de uso. Somando-se a isso, ainda tivemos uma questão de necessidade, seja de distração ou de entretenimento. Distração muitas vezes necessária para que os pais pudessem exercer seu trabalho de casa enquanto os filhos estavam nas telas ou entretenimento como uma necessidade de lazer devido ao momento e a recomendação de permanecer em casa. As telas também foram o meio de contato com amigos e familiares no período de isolamento.

Na referida pesquisa realizadas com pais, responsáveis ou cuidadores de menores de idade, 85,1% afirmaram que seus filhos ou dependentes aumentaram o uso das telas durante a pandemia. Contra 14,9% que disseram não ter tido aumento no tempo de uso durante a pandemia.

O preocupante, porém, foi quanto ao tempo de uso de crianças e adolescentes às telas. Apenas 2,6% relataram que os filhos ou dependentes não têm acesso às telas. E apenas os de 4,3% ficam até uma hora por dia. Vale lembrar que, de acordo com a associação brasileira de pediatria, crianças até 5 anos devem ter no máximo 1 hora por dia de acesso a aparelhos eletrônicos. De acordo com a pesquisa, 55,3% das crianças e jovens passam mais de 5 horas por dia nas telas, tempo não recomendado nem para adolescentes de 17 anos.

Além do desafio do tempo de uso, um grande fator de preocupação refere-se ao conteúdo acessado. Quando questionados sobre os conteúdos mais acessados, 74,17% acessam vídeos no Youtube, 50,33% acessam jogos virtuais, quase 30% dos pais marcaram que um dos conteúdos mais acessados por seus filhos são as redes sociais. Lembrando que essa pesquisa foi realizada com pais ou cuidadores de menores de idade e que neste item poderiam marcar mais de uma opção.

Gráfico 1: Quais são os conteúdos mais acessados pelo seu filho(s)?

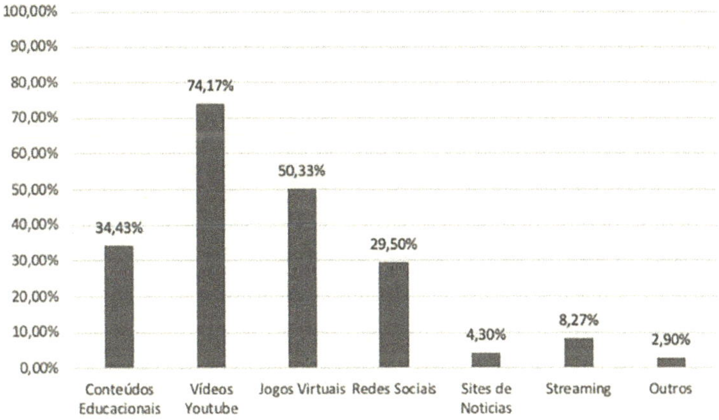

Fonte: Pesquisa realizada pela autora

De acordo com as repostas, fica evidente a necessidade de supervisão constante dos pais em relação aos conteúdos acessados, no Youtube, por exemplo, temos vídeos dos mais diversos, dos que trazem grande aprendizado e cultura aos que são extremamente prejudiciais para uma criança e/ ou adolescente ainda em formação, como conteúdos impróprios para sua idade, informações que eles ainda não têm conhecimento para filtrar, vídeos mentirosos etc. Mesmo o Youtube Kids pode ter algo improprio ou que ainda não seja bom para aquela criança. A supervisão dos pais deve ser constante em qualquer atividade de seus filhos, porém sabemos que quando estão com as telas, as próprias crianças demandam menos dessa supervisão, o que pode ser um risco.

Outra grande preocupação é em relação aos jogos virtuais, pois grande parte deles faz com que você tenha que agir rapidamente, sem tempo para pensar e ainda baseado num modelo de recompensas. Isso faz com que a competência mais desenvolvida durante o tempo que se passa jogando seja agir sem pensar ou agir esperando algo em troca e certamente essas não são as competências que mais desejamos desenvolver nos nossos filhos. Por isso, ressaltamos o alerta tanto para o tipo de jogo quando para o tempo que cada criança e adolescente passa. Muitos jogos já são criados pensando em mecanismos para apreender crianças e jovens a eles e, se já é fácil fisgar adultos com cérebro formado, imagina jovens com cérebro em formação e sem sua regulação 100% moldada.

Esse aumento do uso de telas, que é uma demanda do mundo atual e fortemente agravada por causa da pandemia, traz e já trouxe consequências físicas, emocionais e psíquicas. Questionamos os pais e cuidadores sobre sintomas observados em seus filhos devido a essa maior exposição às telas durante o período pandêmico. Menos de 10% respondeu que não houve aumento de exposição às telas durante a pandemia (número menor do que quando perguntado apenas sobre o tempo de uso de tela) e 20,86% não observaram sintomas. Porém, a quantidade de pais e/ou cuidadores que observaram um ou mais sintoma no momento da pesquisa foi preocupante.

Os sintomas que mais apareceram foram irritabilidade (35,8%), hábitos sedentários (35,10%), distúrbios do sono (30,5%) e distúrbios posturais (23,5%). Ansiedade (2,31%) não era uma opção de resposta, porém devido à quantidade de respostas escritas com esse item acabamos colocando-a no gráfico e retirando do item outros, mostrando como os pais já a percebem como uma consequência do uso excessivo de telas. Sabemos que grande parte dessas consequências são vistas a longo prazo e, se esse número já é grande hoje, nos preocupa como ele pode estar no futuro. Outra fonte de preocupação é que grande parte dos sintomas do uso excessivo de telas são

Gráfico 2: Você observou alguns dos sintomas abaixo no(s) seu(s) filho(s) devido à exposição maior às telas durante a pandemia.

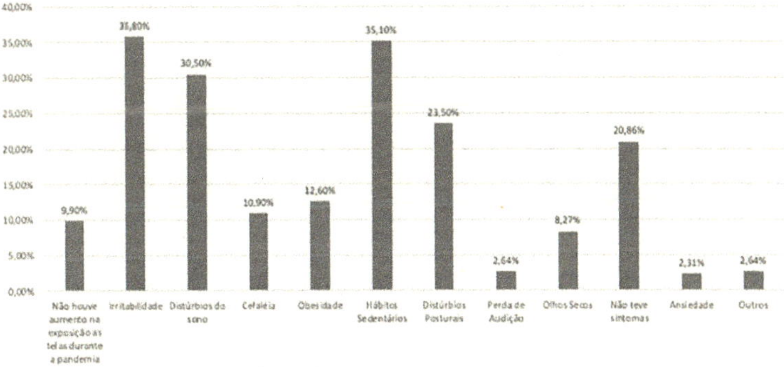

Fonte: Pesquisa realizada pela autora

intangíveis ou subjetivos, o que pode dificultar a percepção dos pais e cuidadores.

Essas consequências podem ser: falta de intimidade emocional entre pais e filhos, falta de interação social, perda de ludicidade, insegurança (pois é uma criança que fica distante do mundo real e muitas vezes sendo validada externamente - como em redes sociais), regressão do controle emocional, dentre tantas outras consequências que podem vir desse uso excessivo.

Na pesquisa, também foi possível fazer uma análise qualitativa das repostas dos pais e cuidadores, perguntamos a eles qual, na opinião deles, é o maior prejuízo que as telas oferecem. As respostas foram as mais variadas, as que mais se repetiram foram: vicio, dependência, informações precoces, desconexão dos amigos e da família, isolamento, problemas de saúde, entre tantas outras respostas. "Inúmeras, mas dentre todas ressalto a 'alienação' em relação ao mundo, pois estão em idades em que são muito influenciáveis e os conteúdos não abordam temas que podem auxiliar na vivência social, cultural e educacional deles." Essa foi a resposta de um pai mostrando a preocupação com a desconexão do mundo real e os conteúdos que podem estar sendo acessados pelo seu filho. "Alienação familiar, falta de foco, perigos diversos, distanciamento social entre outros." Ressaltou outro respondente, mencionando os prejuízos da falta de contato com a família e perigos das redes.

"Menos comunicação pessoal, acaba vivendo tipo em uma 'bolha' onde tem várias notícias e informações onde devemos estar atentos como pais e responsáveis pois é um meio perigoso que ao mesmo tempo que ajuda, pode atrapalhar". Abordou um responsável quando questionado sobre os prejuízos, porém deixou bem claro que as telas também ajudam, sendo hoje, praticamente indispensáveis na vida cotidiana.

Quando questionados sobre o maior benefício relacionado às telas. muitos pais e cuidadores responderam: acesso às aulas, conhecimento, informação, aprendizagem durante a pandemia, distração para que os pais consigam trabalhar, pesquisa, entretenimento. "As telas abrem um mundo de descobertas de lugares que talvez não cheguem a ir, mas conhecem através de vídeos ou fotos. História de épocas contadas de forma que talvez na escola não seja tão detalhada como em vídeos do Youtube, por exemplo. Desenvolvimento das habilidades digitais desde cedo; acesso a informações antes encontradas somente em livros e revistas; possibilidades de entretenimento". Esses foram os vários benefícios relatados por um dos respondentes da pesquisa.

Outro benefício muito relatado foi a interação e contato com amigos e família proporcionados pelas telas durante a pandemia. "Conexão com a família de outro lugar". "Interação, tendo em vista a quarentena". "A socialização nos tempos de pandemia e o contato com os amigos da escola". Sabemos o quanto esse contato foi importante, manteve vínculos, aproximou os corações distantes e foi um refúgio do contato social e familiar tão necessário e tão abalado pela pandemia.

Uma observação importante em relação aos benefícios foi a quantidade de respostas obtidas falando que as telas mantêm as crianças quietas, que é um benefício para que os pais possam desempenhar atividades dentro de casa ou mesmo trabalhar, que é uma alternativa para fazer as crianças dormirem. Sabemos mesmo que as telas são usadas como artifícios, principalmente durante a pandemia, para que os pais pudessem trabalhar de casa, para que pudessem cuidar das tarefas domésticas ou mesmo tomar um banho e comer com calma dependendo da idade dos filhos. Porém, devemos estar atentos à responsabilidade que temos enquanto pais dos limites necessários e riscos das telas, além de lembrar que as crianças e jovens são os vulneráveis, portanto, as necessidades deles estão acima das nossas. Não estamos dizendo que não podem ser usadas, apenas que as usemos com responsabilidade.

Um exemplo da prática dessa responsabilidade é retirar as telas 1 a 2 horas antes das crianças dormirem e não as colocar para dormir com as telas, conforme relatado como benefício por alguns pais. Um, porque a própria luminosidade das telas e a interatividade podem trazer prejuízos para o sono e, dois, este é um dos momentos mais ricos de interação entre pais e filhos, um bom boa noite, colocá-los na cama, um agradecimento e/ou prece antes de dormir, são momentos mágicos de conexão e vínculo e uma ótima oportunidade de desconexão das telas.

2.4. Miopia x telas

A pandemia de COVID-19, dentre tantas consequências, trouxe o aumento no número de pessoas com miopia como um dos maiores problemas derivados do uso de telas. A miopia é uma anormalidade oftalmológica que ocorre quando a imagem de um objeto distante se forma anteriormente à retina, estando o músculo ciliar em repouso. Como consequência, há uma redução da visão à distância, se fazendo necessária a correção por meio de óculos, lentes de contato ou cirurgia a depender do caso.

Segundo médico membro da Sociedade Brasileira de Oftalmologia em reportagem da CNN Brasil, a exposição intensa aos eletrônicos pode levar ao desenvolvimento e agravamento de casos de miopia nas crianças que podem ser irreversíveis. Uma pesquisa divulgada na mesma reportagem traz o alerta de que, entre 2019 e 2020, os casos de miopia aumentaram em 40% entre os jovens de 5 a 18 anos, principalmente devido às restrições de circulação impostas pela pandemia. Tal pesquisa contou com a colaboração de oftalmologistas de países de todas as regiões da América do Sul.

Ainda há controvérsias sobe as consequências diretas das telas para miopia. Porém existem duas consequências indiretas sobre as quais não restam dúvidas: o uso de computadores, tablets ou smartphones acabam estimulando uma leitura próxima, isso aumenta o risco de miopia por favorecer o aumento do comprimento axial do olho. Outra consequência indireta é que, com o aumento do tempo nas telas, diminui o tempo de exposição a atividade externas e exposição à luz solar, que funciona como fator protetor para miopia.

2.5. Redes sociais e crianças

Redes sociais são espaços na internet desenvolvidos com o objetivo de permitir a integração, criação e troca de conteúdos pelos usuários. Temos como exemplos blogs, Instagram, TikTok, Facebook, Youtube, Jogos digitais, comunidades de conteúdos, dentre tantas outras atividades para o público em geral.

Os adolescentes estão na vanguarda do uso das redes sociais, são extremamente habilidosos, passam bastante tempo nelas, compartilham suas vidas, mas também são fontes de preocupações em relação ao tempo gasto nelas, além do fato de estarem mais suscetíveis aos riscos de *bullying* virtual, dependência, *sexting*, estimulação ao comportamento de risco, alienação do mundo real e invasão de privacidade.

Detalhando um pouco mais esses riscos, temos a estimulação ao comportamento de risco. Muitas vezes, as redes sociais influenciam os comportamentos arriscados por parte dos adolescentes. Embora eles tenham muito mais habilidade com as tecnologias e redes sociais que os adultos, eles ainda não têm a bagagem, experiência e conhecimentos necessários para filtrarem alguns comportamentos estimulados pelas redes sociais. Vimos tristes exemplos dessas atitudes "viralizando" e ganhando o mundo, como prender a respiração até desmaiar ou aquela outra "brincadeira" que um adolescente pulava e o outro dava uma rasteira fazendo com que ele caísse ao aterrissar. Outros dois riscos que vale a pena serem ressaltados, são o *sexting* e o *bullying* virtual.

A definição de *sexting* ainda é bem difusa, podendo ocorrer em qualquer idade. Mas aqui, iremos considerar principalmente a utilização e troca de imagens ou vídeos com caráter sexual produzidos por jovens menores de 18 anos. As imagens ou vídeos podem incluir nudez ou nudez parcial e podem ou não se enquadrar na definição legal de pornografia infantil. Um exemplo de *sexting* que pode ocorrer até de forma não intencional, são fotos e vídeo tirados em uma festa na piscina ou praia em que as pessoas estão em trajes de banho e depois compartilhados com pessoas que não estavam na festa, sem o consentimento delas. Há também casos em que o envio do conteúdo é feito com propósitos românticos, quando a pessoa confia em quem ela envia as fotos ou vídeos sensuais. Porém, uma vez enviada, perde-se o controle a quem terá acesso aquelas foto ou mensagem.

Já o *bullying* virtual são mensagem difamatórias ou ameaçadoras que ocorrem no ambiente virtual, seja através de redes sociais, *e-mails*, *sites*, mensagens de celulares entre outros.

A preocupação de pais, professores, educadores só aumenta diante desses dois eventos que só crescem com o aumento do uso indiscriminado de redes sociais. Um dos fatores desse aumento está na facilidade de se manter o anonimato e, com isso, poder difamar, atacar e compartilhar fotos improprias sem medo de ser punido. Esse anonimato também gera uma desinibição em quem ataca, fazendo ter proporções muito maiores. Além da difamação temos a velocidade de divulgação que isso pode ter.

Outra crescente preocupação é com a exposição de crianças e adolescentes em redes sociais. No caso deles, podem se tornar muito mais vulneráveis na interação com amigos *online*, podendo muitas vezes fornecer informações confidenciais propositalmente ou acidentalmente como número de telefone, endereço, escola que estuda, lugares que costuma frequentar entre outros.

Temos visto cada vez mais perfis infantis nas redes sociais. Sabemos que muitos pais permitem ou até mesmo incentivam, e às vezes fazem isso com a melhor das intenções, seja para "eternizar" os momentos dos filhos, seja para dividir eles com quem está longe ou até mesmo para mostrar o orgulho que têm dos pequenos.

Trouxemos aqui alguns dos perigos e o convite à reflexão. Vamos colocar na balança e avaliar se uma rede social para crianças é de fato um bom caminho?

Seis motivos para manter as crianças longe das redes sociais
1. Os pais são exemplos para os filhos. O que você ensina quando permite ou estimula a mentira sobre a idade do seu filho para criar um perfil na rede social?
2. O cérebro das crianças ainda está em formação. E redes sociais incentivam preocupação com "*likes*" e excesso de exposição. Podem criar nos nossos pequenos uma necessidade de validação externa (eu me sinto bem quando o outro gosta) que os tornará pessoas inseguras.
3. Não há dúvidas de que a internet e as redes sociais nos aproximam de pessoas distantes, reforçam vínculos de amizade, mas também facilitam contato com pessoas desconhecidas de todo tipo. E infelizmente nem todas as pessoas são boas e algumas podem promover grande perigo a nossos filhos. Proteger nossos filhos é nossa responsabilidade!
4. Preserve a intimidade do seu filho! Modas e tendências passam. O que hoje pode ser divertido, amanhã poderá ser motivo de vergonha.
5. Fotos e vídeos podem facilmente "viralizar" na internet. Assim como podem tornar nossos filhos "webcelebridades", também podem torná-los vítimas de *cyberbullying*. Na dúvida, se tratando de nossos filhos, é melhor não arriscar.
6. Redes sociais são feitas para adultos, por isso estimulam a "adultização" das crianças. Lembre-se, nossa vida é como uma escadaria, precisamos subir de degrau em degrau. Pular degraus agora, fará falta lá na frente, ou seja, crianças "adultizadas" serão, provavelmente, adultos infantilizados.

2.6. Controle parental

Hoje existem diversos aplicativos de controle parental para o uso de internet pelos pequenos. O *Family Link* é um exemplo de um aplicativo gratuito desenvolvido pelo Google que funciona tanto para celular, tablete ou computador. Com ele é possível controlar tanto o que seu filho assiste quanto o tempo que ele fica nas telas. Você pode receber relatórios semanais ou mensais com quanto tempo seu filho ficou em cada aplicativo, por exemplo, pode limitar o tempo de tela, determinados aplicativos e até mesmo rastrear a localização.

Registro, porém, que nenhuma ferramenta de controle é mais eficiente do que uma verdadeira conexão entre pais e filhos, o acompanhamento próximo, com muita conversa e intimidade emocional, discussão sobre os conteúdos, os perigos da internet, sobre porque é importante limitar o tempo, etc. E se essa conexão existir, mesmo que seu filho tenha acesso a algo improprio para idade dele, será você a pessoa que ele irá procurar para esclarecer e entender o que ocorreu.

Sabemos também que a correria, rotina e a quantidade de demandas diárias dificulta até mesmo pensarmos em alternativas para entreter as crianças dentro de casa. Por isso, aqui, listamos algumas ideias de atividades simples que podem ser realizadas com os filhos para fugir das telas:

Ideias para diminuir o tempo das crianças nas telas
1. Incentive a criatividade Chame para fazer desenhos, pintar. Pode ser com lápis de cor, canetinhas, giz de cera ou tinta guache. Adapte para o que faz mais sentido na sua casa e para a idade de sua criança. Para aguçar ainda mais a vontade, você pode criar uma exposição de desenhos, montar uma galeria de artes etc.
2. Jogue com seu filho Jogos são uma ótima opção de diversão e interatividade entre pais e filhos. Vale jogo de tabuleiro, quebra-cabeça, jogo da velha, "adedonha" ou stop, mímica, o importante é se divertirem.
3. Chame seu filho para ajudar nas tarefas da casa Ajudar a colocar a roupa para lavar, arrumar a mesa, cozinhar algo gostoso, organizar o guarda-roupa, são ótimas atividades, que além de manter as crianças ativas, ainda estimulam a responsabilidade delas.
4. Passeios ao ar livre Vale uma ida na praça, uma volta no quarteirão, uma brincadeira de bola em uma quadra ou espaço aberto. Atividades ao ar livre, colocar o corpo em movimento, se desconectar das telas, é uma mistura poderosa que reduz a ansiedade e proporciona ótimos momentos em família.

5. Conexão com seu filho
E o último, mas mais importante, é: se conecte com seu filho! Sem isso nenhuma outra atividade dará certo. Dedique tempo de qualidade, tenha disponibilidade e entrega genuína nas atividades com ele, isso irá criar uma conexão poderosa na relação de vocês e uma diminuição da necessidade das telas.

Estamos na era digital e a pandemia acelerou ainda mais este movimento que já vinha ocorrendo. A tecnologia nos auxilia e traz dezenas de benefícios e facilidades. Mas, como tudo na vida, é preciso estabelecer limites para a usarmos de forma saudável, tanto para as crianças quanto para os adultos. Não adianta dizer para o filho não usar e os pais não tirarem os olhos das telas e atualizarem seus celulares o tempo inteiro para saber se chegou um e-mail importante do trabalho ou o que está rolando nas redes sociais. A criança aprende muito mais pelo exemplo. Lembre-se: o uso consciente trará benefícios para todos e mais ainda para relação entre pais e filhos.

3. EU, DEPENDENTE?

O uso das telas se encaixou rapidamente na nossa vida, faz tão parte do cotidiano, entra tão naturalmente e com tanta facilidade na vida de nossas crianças, que muitas vezes é difícil definir o que é um uso normal e o que já pode ser considerado dependência.

A Organização Mundial da Saúde (OMS) define dependência como o uso contínuo de algo com o objetivo de obter conforto ou estímulo, relaxamento, geralmente acompanhado de consequências na sua ausência, como ânsias. O conceito de dependência pela OMS já foi considerado apenas como o uso de drogas ou substâncias, mas no *Manual diagnóstico e estatístico de transtornos mentais* (DSM-5; American Pschiatric Association, 2013) dependências comportamentais foram adicionadas. Vale ressaltar que a perda do controle do comportamento é um elemento essencial de qualquer dependência.

Para muitos, o termo dependência pode ser pesado demais, já que essa terminologia carrega um estigma muito forte, remetendo a imagens negativas de alcoólicos e usuários abusivos de drogas. Usar essa terminologia já causaria resistência antes mesmo de uma análise mais profunda do que pode estar ocorrendo dentro da sua própria casa. Por isso, aqui, iremos preferir usar o termo "uso não saudável das telas e/ou tecnologias".

Mas, qual o limite para estabelecermos entre um uso "normal" e um uso que já não é mais considerado como saudável? Quais são os comportamentos que, enquanto pais, devemos observar e estar atentos aos nossos filhos? Quando as telas podem comprometer as funções físicas, psicológicas e/ou sociais de um indivíduo?

Existem diversos sintomas associados ao uso excessivo das telas, como: dores de cabeça, problemas posturais, olhos secos, irritabilidade, dificuldade de concentração, problemas auditivos, obesidade, entre outros. Mas muito antes desses sintomas aparecerem, a criança ou adolescente já pode estar usando as telas de forma não saudável. E como descobrir isso antes mesmo que um sintoma desse apareça?

A melhor forma de descobrirmos quando o uso das telas já não é mais saudável, é observarmos nossos filhos. Estarmos atentos aos comportamentos dele e às alterações que porventura possam surgir.

Algumas sugestões de pontos importantes de observação:

Como a criança reage diante da negativa de uso?

Quando você não permite a seu filho usar as telas, ele aceita ou tem uma reação descompensada? É natural ele ficar insatisfeito frente a negativa de algo que ele quer, mas como ele demonstra essa insatisfação?

Como a criança passa o tempo quando está longe das telas?

Quando não está nas telas, a criança brinca de forma lúdica? Ela consegue interagir com demais crianças, brincar, correr, ter outras distrações além da tela?

Ela tem interesses em outras atividades?

Quando você chama seu filho para um passeio ele prefere não ir para ficar nas telas? Ou ele fica o tempo todo conectado e nem aproveita as novidades que o passeio oferece?

Houve alguma regressão no controle emocional dele?

Responder a essas perguntas também não é tarefa fácil. Certamente durante a pandemia, ou logo após ela, muitas dessas respostas também serão afetadas. Criança precisa de espaço, precisa de atenção, precisa de brincadeiras, precisa de convívio social e tudo isso foi prejudicado a ponto de poder ter influenciado direta ou indiretamente o aumento do uso de telas.

Também vale ressaltar e alertar sobre os jogos nas telas e o que eles exercitam. A maioria dos jogos trabalha, sobretudo, a rapidez de resposta e a reação. Muitas vezes não há tempo para pensar, o jogo quer que você atire primeiro. Agir sem pensar não é uma competência realmente útil no dia a dia, nem na escola, e acredito que não é essa que queremos e estimulamos nossos filhos a desenvolverem. Outro importante ponto de reflexão é que esses jogos, em sua maioria, já são pensados para criar dependência. O ritmo das imagens, o brilho da tela, os sons hipnóticos, excitam determinadas zonas do cérebro. A quantidade de insucessos e "recompensas" oferecidas nesses jogos são propositais para ativar certas zonas cerebrais causadoras da dependência. Por isso ressaltamos a importância do controle parental, pois essa dependência não é exclusividade das crianças depressivas ou "problemáticas".

Devemos sempre nos perguntar: quando foi que o mundo real deixou de ser interessante para nossos filhos?

Estudos nos mostram que jovens solitários e ansiosos preferem a interação *online* pois, para eles, a ansiedade social é menos intensa *online* do que na vida real. A maioria dos jovens se esforçam para serem aceitos nos relacionamentos sociais. Quando há discrepância entre os relacionamentos sociais desejados e os reais, isso pode levar a um sentimento de solidão.

A baixa autoestima (ou ela de forma não saudável – conforme o conceito de Jesper Juul que discutiremos mais a frente) é considerada como uma característica da personalidade propensa à dependência. Indivíduos que não se amam, que não sentem que têm valor pelo simples fato de existir, têm maior probabilidade de seguir o que os outros dizem sem análise crítica, o que os deixa vulneráveis ao envolvimento em comportamentos de dependência ou de uso de telas de forma não saudável.

Outro ponto importante de análise, e que leva ao risco de dependência, são crianças ou adolescentes com níveis mais baixos de autorregulação. Uma criança, devido ao próprio desenvolvimento do cérebro, que ainda está a pleno vapor, não tem a habilidade de autorregulação formada e isso por si só já a torna mais vulnerável à dependência do uso de telas quando não orientada. Nos adolescentes, a autorregulação deficiente é controlada pelas emoções e pelos processos automáticos conduzidos pelos impulsos. A falta ou dificuldade de autocontrole leva a vários tipos de comportamentos problemáticos e desadaptação social, inclusive comportamentos impulsivos, insensíveis e arriscados. A impulsividade também foi considerada um fator de risco para a dependência das telas (YUNG, 2019).

Ressalta-se que o processo de regulação emocional se inicia ainda enquanto nossos filhos são bebês e ele se dá através da nossa capacidade, enquanto pais, em responder as necessidades dos nossos filhos de maneira contingencial, ou seja, responder ao que efetivamente está acontecendo naquele momento, processando os sentimentos com ele. Um bebê com fome precisa de comida, um bebê entediado precisa de uma distração, um bebê angustiado precisa de colo. Precisamos estar atentos para responder de acordo com a demanda. Além da demanda, também precisamos estar atentos à especificidade de cada um, pois um bebê tímido exigirá uma resposta diferente de um bebê extrovertido. Cada situação exige uma resposta apropriada à contingência e à personalidade do bebê. (GERHARDT, 2017)

O problema é que os "manuais da maternidade", os "*checklists*" são repletos de receitas e formas que desconsideram essa especificidade e muitos ainda induzem a estratégias erradas comprovadas pela neurociência. Uma delas, como exemplo, é deixar o bebê chorando para aprender a dormir sozinho. Hoje já sabemos que deixar o bebê chorando produz o chamado estresse tóxico, que aumenta os níveis de cortisol e traz consequências para a criança, principalmente na questão da sua regulação emocional. Além disso, sabemos da importância do contato com a mãe e de como não dormir sozinho e ter essa segurança ajudam em sua regulação.

As crianças que são emocionalmente seguras e bem reguladas dificilmente se tornarão indivíduos antissociais no futuro. Isso ocorre porque seus pais (ou cuidadores) foram sensíveis aos seus sentimentos no passado e as convenceram de que os relacionamentos são uma fonte de prazer e conforto, portanto, devem ser preservados.

Ajudamos, contribuímos e somos os principais responsáveis pela regulação dos nossos filhos. Esse processo começa quando ainda são bebês e se respondermos a eles, estaremos participando e ajudando em muitos processos biológicos importantes. Ajudamos o sistema nervoso do bebê a amadurecer de modo que ele não fique estressado. Contribuímos para um sistema imunológico forte e uma resposta de estresse robusta. Estamos auxiliando na construção do córtex pré-frontal e na capacidade da criança de reter informações na mente, a refletir sobre seus sentimentos e a conter os impulsos aos quais serão essenciais para sua capacidade futura de se relacionar socialmente e com isso a tornaremos menos suscetível ao uso não saudável ou dependente das telas.

Mas, quando nossos filhos não são mais bebês, podemos sempre os ajudar na sua regulação, caso não tenhamos contribuído de forma efetiva. A melhor forma para isso é através do nosso vínculo com eles, da nossa conexão e proximidade que nos fará perceber quando algo não vai bem. E quando percebemos que algo já não vai bem, devemos avaliar, mudar o caminho e não ter medo de pedir ajuda.

Neste livro falaremos bastante de como criar essa conexão poderosa com nossos filhos, de como o tempo de qualidade poderá fazer com que eles percam parte do interesse nas telas e diminuam o tempo que passam nelas. Veremos como essa conexão é mágica e transformará toda essa relação.

Sabemos, porém, que em alguns casos a utilização de telas já pode estar num âmbito maior do que simplesmente não saudável, com consequências mais severas e nesses casos o ideal é sim investir no vínculo e conexão, mas também procurar ajuda. Hoje, já existe um termo chamado PIMU (uso problemático de mídias interativas). O PIMU se caracteriza por comportamentos compulsivos, reações extremamente negativas ao ser retirado das telas, comprometimento da função física, mental, cognitiva e social do indivíduo (YUNG, 2019). Nesses casos, sugerimos acompanhamento com psicoterapia e profissionais qualificados e especializados para esse tipo de tratamento.

A dependência, o vício, vem para preencher um vazio. Trazer uma sensação de bem-estar frente a algo muitas vezes incompreendido internamente. Pode ser consequência de punição excessiva, dos castigos, de uma educação com pouca escuta, em que não há validação das necessidades e emoções do meu filho.

Precisamos compreender que o vício, na verdade, é uma solução para um problema. Se entendermos que o vício não é o problema primário, mas na verdade é uma resposta ao trauma, então se torna obvio que, para curar o vício, é preciso ir na fonte, é preciso curar o trauma.

E o que vem a ser o trauma, então? Trauma é uma ameaça avassaladora que você não sabe como lidar. Traumas não são as coisas ruins que acontecem contigo, mas o que acontece dentro de você como resultado do que aconteceu com sua pessoa.

Aquilo que pode gerar o trauma para uns, pode não gerar para outro, tudo vai depender de como cada um reagirá e, principalmente, se tem com quem contar para acalmar, validar e ajudar a regular e entender o que aconteceu. O fato é que não é necessário uma guerra, uma grande tempestade ou um fato aterrorizante para gerar um trauma. Ele pode ser gerado por deixar um bebê chorando no berço, por não validar suas emoções, pelo sentimento de abandono, entre tantas outras ações. Vale ressaltar que muitas vezes as crianças não se traumatizam porque se machucam. O que as traumatiza é ficar sozinhas com suas feridas.

A nossa capacidade de recuperação de traumas, mesmo quando adultos, é baseada nas nossas experiências passadas, se encontramos apoio quando necessitamos. Por isso, aqueles que tiverem inícios de vida inseguros serão menos propensos a procurar apoio, ressalta-se que ter apoio social é um fator primordial para qualquer recuperação. Em contrapartida, relações seguras nos ajudam a regular nossos sentimentos. A neurociência já veio nos provar que apenas segurar a mão de alguém em quem você confia pode reduzir a atividade dos circuitos de medo no cérebro. Quando essa sensação de segurança é perdida, o trauma pode tornar-se opressivo.

Trauma significa fundamentalmente uma desconexão do ser. E por que nos desconectamos? Para fugirmos da dor interna. E isso se torna uma dinâmica para toda a vida. Um exemplo é como vamos desaprendendo a lidar com nossas emoções e, durante um relacionamento, quando me sinto magoado, eu me fecho para não precisar mais sentir aquelas emoções com as quais não sei lidar. Ou seja, há uma desconexão.

O trauma também afeta o desenvolvimento do nosso cérebro. Certos circuitos cerebrais importantes têm a ver com a forma como reagimos, respondemos e nos regulamos, como lidamos com o estresse, como interagimos com outras pessoas, quanta empatia e percepção temos, quanta compaixão temos etc. Essas funções no córtex pré-frontal medial são limitadas e restringidas pelo trauma, agora sabemos que o cérebro se desenvolve em interação com o meio ambiente. Portanto, o cérebro das crianças traumatizadas não é como o cérebro das crianças não traumatizadas.

Vale ressaltar que é durante a infância que estamos conectados com o nosso eu, com o nosso ser essencial, portanto, as vivências que não se adaptarem à nossa natureza serão rejeitadas espontaneamente, por meio de diferentes manifestações, até que finalmente tenhamos nos adaptado e danificado o nosso ser autêntico.

E quando danificamos nosso ser autêntico, ou seja, quando ferimos nossa autoestima, quando ficamos sozinhos com nossos traumas, acabamos nos tornando muito mais propensos a desenvolver um uso não saudável das telas, ou até mesmo uma relação de dependência com elas.

3.1. Pai e filha que jogam juntos

Certa vez eu estava realizando uma palestra sobre o uso de telas para os colaboradores de uma empresa. A palestra era um presente da empresa pelo dia das mães.

Fiz toda a minha apresentação e ao final abri para perguntas. Como previsto algumas mães fizeram perguntas. Até que lá pela quarta ou quinta pergunta veio um pai perguntar sobre o uso de telas.

Ele me disse que todas as noites ele e a filha ficavam jogando juntos por umas três horas, aproximadamente, inclusive aos finais de semana - sempre aumentando mais a carga horária. Mas que era algo que eles faziam juntos, se isso então poderia ser considerado uma utilização não saudável ou se era considerado como uma brincadeira e então estaria ainda fortalecendo o vínculo entre eles.

Eu comecei a responder dizendo que com certeza é melhor ele junto jogando com ela do que se ela estivesse sozinha num quarto, pois assim ele teria acesso ao conteúdo, ao tipo de jogo, a como ela passa o tempo nas telas. Falei um pouco da importância do tempo de qualidade e como era relevante diversificar essa atividade. Que como ela já estava na adolescência, que eles poderiam ver séries juntos para debater sobre os personagens, jogarem jogos longe das telas, conversarem sobre a rotina, dia a dia de trabalho e escola. E falei que faria algumas perguntas para que refletisse e ele mesmo respondesse se essa hora dos jogos estava proporcionando mais vínculo ou uma relação não saudável com as telas para os dois.

Minhas perguntas foram:

— Vocês conversam, trocam ideias durante os jogos?

— Se tiver uma queda de energia que impossibilite vocês de jogarem, vocês passarão essas três horas juntos?

— Como é a interação de vocês quando não estão jogando? Considera que tem uma intimidade emocional? Sua filha tem abertura para falar de qualquer assunto com você?

— Quando vocês não jogam, do que sentem falta? Da interação um com o outro ou do jogo?

Infelizmente não tenho as repostas dele, pois as perguntas foram apenas para reflexão, mas ficamos aqui com as nossas suposições e com a certeza de que, se não tinham uma relação de qualidade, foram em busca de uma.

4. COMO CRIAR UMA CONEXÃO COM SEU FILHO

As crianças precisam de pouco e muito ao mesmo tempo (pois poucos têm isso para dar). O que elas precisam é de pais presentes, adultos sem medo, afirmando que nada de ruim vai acontecer com elas. Adultos dispostos a assumir suas realidades emocionais, portanto abertos e permeáveis para fazer contato com a beleza que cada criança traz na sua essência. E caso seu filho já seja um adolescente, aproveite esse segundo nascimento para se conectar a ele, para se mostrar disponível, para passar tempo de qualidade, para demonstrar seu amor incondicional (independente das escolhas dele) e trazer de volta a essência dele.

O princípio de uma parentalidade positiva é construir uma relação baseada no respeito mútuo e amor. Essa filosofia pode ser utilizada em qualquer momento da vida dos nossos filhos, não apenas quando eles são pequenos.

Quando falamos em uma relação baseada no respeito, muitos logo pensam em uma educação permissiva ou negligente. Quero deixar bem claro aqui que somos contrários a qualquer uma dessas possibilidades, ambas não tratam as crianças com o respeito que elas merecem.

A educação permissiva é aquela em que as crianças vivem sem regras, isso faz com que a criança se sinta desprotegida e isso é assustador. Isso faz com que essa criança se torne um adulto mimado, que acha que todos têm a obrigação de fazer aquilo que ele quer, afinal de contas, quando ele era criança e queria algo, sempre davam um jeitinho para não o frustrar.

Quando não conseguimos colocar limites claros para uma criança, ela sente que não a conseguimos proteger e isso irá gerar angústia nela. Quando conseguimos colocar os limites, é como se a criança estivesse em quarto ao qual domina o que tem a seu dispor, então as "paredes" que são os limites, podem ser ampliadas e a criança pode fazer novas conquistas com segurança. Por isso, os limites são essenciais para o desenvolvimento das crianças.

Já a educação negligente é aquela na qual abdicamos do papel de pais, de principais responsáveis pela educação e formação de nossos filhos. Delegamos para a escola, para as babás, para os avós e acabamos negligenciando nosso principal papel. Somos negligentes quando: não brincamos com nossos filhos, falhamos em alimentá-los de forma adequada (enchemos eles de biscoitos, batatas fritas etc.), não acompanhamos a evolução na escola e acreditamos que ela é a única responsável pelo aprendizado dos nossos filhos, não criamos um horário de sono apropriado para as crianças, deixando-as dormir tarde da noite etc.

Quando educamos nossos filhos com base no respeito, construímos neles um bom caráter e responsabilidade. Educar com respeito é tratar com a verdade, é dizer a cada momento o porquê das coisas. É oferecer amor e limites claros (que são profundamente estruturantes para uma criança), assim como mostrar as consequências, que são normais na vida das crianças e adultos, então estamos ensinando boas competências relacionais, respeito por si e pelos outros.

Outro importante ponto de conexão com nossos filhos e que é essencial para ajudar na sua autorregulação é quando auxiliamos nossos filhos a encontrarem palavras para explicarem o que sentem. Quando fazemos isso muitos acham que estamos criando crianças sentimentais (no sentido negativo da palavra) ou frágeis, mas isso é uma inverdade. Ao fazer isso, ajudar nossos filhos a descreverem o que sentem, mostramos a elas que estamos vendo o que está acontecendo, para que se sintam compreendidas. Além de mantermos intacta sua autoestima, sua torre interna que diz que ela importa simplesmente pelo fato de existir. Não é por ignorarmos o que ocorreu, ou fingir que aconteceu com pouca intensidade, que nossos filhos irão deixar de sentir raiva, tristeza ou medo. O que ensinamos quando validamos seus sentimentos é que as emoções nada têm de errado e aprenderão, aos poucos e com a nossa ajuda, a se autorregularem.

Acolher um choro é bem diferente de evitá-lo a qualquer custo. Validar os sentimentos, reconhecê-los, não significa que concordamos ou que somos permissivos, é apenas dizer o que estamos vendo. Quando atuamos dessa forma, ajudamos na inteligência emocional de nossos filhos, e quando somos emocionalmente inteligentes, não ficamos apenas na ponta do iceberg, encaramos de frente as emoções. Ensinamos a nossos filhos que as dores fazem parte da vida, apresentamos ferramentas para que possam lidar com elas e com isso desenvolvemos neles a resiliência e ajudamos a tornarem-se adultos fortes. Ao agirmos dessa forma, seremos capazes sempre de nos conectarmos aos sentimentos dos nossos filhos; saberemos que ao se encolher, qual é o sentimento que está por trás; que quando está irritado, já teremos suposições do que ocorreu e assim sucessivamente. Seremos muito mais proativos com relação ao que nossos filhos sentem e, com isso, muito mais próximos e deixando menos "buracos" que podem gerar os vícios, dependências e escolhas erradas pelo caminho.

A seguir enumeramos algumas atitudes, que realizadas de forma genuína, promovem a conexão com nossos filhos e são essenciais para termos uma relação de intimidade emocional e um vínculo de qualidade.

Atitudes que promovem a conexão com seu filho:
1. Respeite a natureza do seu filho. Esse é o princípio básico do amor incondicional. Deixamos as nossas expectativas de lado e amamos nossos filhos exatamente como eles são. Essa é a maior segurança que podemos proporcionar a eles.
2. Dedique sempre uma parte do seu dia para o tempo de qualidade com ele. Podem ser 15 minutos (Não se prenda ao tempo, cada criança é única e isso pode variar) de entrega genuína. Para fazer aquilo que seu filho quer fazer, sem interrupções, celulares ou relógio.
3. Caso tenha mais de um filho, faça o dia do filho único. Todo filho é único e por isso é tão importante dedicarmos tempo exclusivo a cada um deles. Quando fazemos isso, temos tempo de ver aquelas características individuais de cada um, termos conversas do início ao fim sem interrupções e fazemos com que eles se sintam amados.
4. Dizer que ama com atitudes. Dizermos que amamos nossos filhos é muito fácil, mas demonstrarmos isso nas nossas atitudes é que é um desafio. Pode ser ao dar um banho, estando presente e brincando com eles. Pode ser ao deixar na escola, com um abraço apertado e um desejo de uma boa aula. O importante é estarmos presentes e conectados a eles, deixando claro o quanto são essenciais para a gente e como somos felizes de tê-los por perto.
5. Ser gentil. Além de facilitar a conexão com nossos filhos (uma vez que, quando não somos gentis com nossos filhos, podemos provocar neles o medo de nós, o que só irá nos afastar deles) ainda os ensinaremos a gentileza.
6. Estar presente. Desligue o piloto automático quando estiver com seu filho. Esteja presente mesmo nas atividades mais rotineiras. Pergunte sempre como foi o dia, a escola, o que mais gostou e o que menos gostou.

7. Crie experiências positivas e fale delas com frequência.
A qualidade da relação que estabelecemos com nossos filhos e o tipo de experiência que eles vivenciam determinam a pessoa que serão. Por isso, devemos investir em promover experiências positivas e transformá-las em memórias agradáveis as quais falamos com frequência.

8. Seja verdadeiro.
Ser verdadeiro é, além de dizer a verdade, demonstrar os sentimentos aos filhos. Se não estamos bem, eles sentirão, portanto não adianta dizer que está tudo bem. Vale dizer que naquele dia não estamos bem, mas que trabalharemos para melhorarmos e que isso é normal para os adultos. Só não vale confundir ser verdadeiro com acabar com as fantasias. Podemos ser verdadeiros e deixar o Papai Noel, o Coelhinho da Páscoa e a Fada dos Dentes continuarem existindo, ok?

9. Mostre interesse pelo que ele faz.
Demonstrar interesse pelo que ele faz é o oposto de dizer "muito bem" sem mal ter visto quando ele mostrar um desenho. Demonstrar interesse pelo que ele faz é olhar atentamente o que fez, entender o que está por trás e quando não entender, perguntar. É conversar sobre o que ele está fazendo.

10. Peça desculpas.
Não somos nem nunca seremos pais perfeitos. Já erramos e erraremos com nossos filhos. Mas é importante mostrar isso para eles e pedir desculpas frente a um erro nosso. O que eles irão aprender com isso? Que os pais não são perfeitos e que está tudo bem errar, que pode ser reparado e desculpas sinceras são sempre bem-vindas.

11. Mostre alegria quando o vê.
Ao ver nossos filhos após um dia de trabalho, ao buscar na escola, devemos sempre demostrar a eles a nossa alegria por estar com eles e como sentimos sua falta e o quanto é importante estarmos juntos.

12. Escute com Atenção.
Sempre que seu filho for lhe contar uma história, contar como foi o dia, sobre os coleguinhas, mostre interesse sobre o que ele está contando. Escute de verdade, não simplesmente acene com a cabeça enquanto manda um e-mail. E se o e-mail for urgente, fale: "Filho, espere só um minutinho a mamãe mandar este e-mail pois é urgente e quero escutar tudo que você tem para me contar".

13. Brinque com seu filho.
Essa é a melhor forma de se comunicar e se conectar com a criança. Tamanha é sua importância e a profundidade de conexão que pode gerar, que destinamos um capítulo inteirinho a ela.

Muitos podem se perguntar onde está elogiar os filhos nessas atitudes que promovem conexão, e aqui pedimos uma atenção maior e um cuidado, pois os elogios e, principalmente, o excesso deles, podem gerar crianças inseguras. Para quem acha que elogios melhoram a autoestima, vale lembrar que é nossa torre interna: nascemos com ela intacta, e o fato de nos amarmos e, enquanto criança, nos sentirmos amados, sabermos que podem acontecer coisas não tão boas, mas que continuamos nos amando e sendo amados, que faz com que não abalemos essa torre interna e permaneçamos com nossa autoestima intacta.

Quando elogiamos demais uma criança, supervalorizamos qualquer atitude, criamos nela uma dependência de validação externa o tempo todo. Diminuímos a capacidade delas em analisar as situações, em escutar sua voz interna, em pensar pela sua própria cabeça e criamos crianças dependentes de elogios e *feedback's* externos.

Sabemos que a vontade de elogiar os filhos é grande e nossa proposta é apenas mudar a forma. Ao invés de simplesmente dizermos "muito bem" frente a qualquer coisa que eles fazem, ou repetir elogios o tempo todo, o ideal é usarmos o reconhecimento e o encorajamento.

Quando reconhecemos nossos filhos, elogiamos o esforço que ele fez para conquistar algo, não simplesmente o feito. Ao invés de falar "muito bem" para um desenho que ele mostrou, eu falarei "que legal! Percebi que você desenhou a página toda e teve muito cuidado ao pintar. Acredito que ficou orgulhoso do seu desenho!". Ou quando nosso filho ganha um jogo, ao invés de falarmos "parabéns!", podemos reconhecer e dizer: "que legal! Você não desistiu e acabou ganhando!". Ao usar o reconhecimento, damos valor ao processo e ao esforço.

Sabemos que no começo, ao elogiar usando o reconhecimento pode parecer algo forçado, mas, com o tempo, esse novo formato fica mais natural e seu filho seguirá mais confiante com os elogios. Muitas vezes, quando eles mostram um desenho e no "piloto automático" já respondemos um "muito bem", no fundo eles também sabem que não olhamos o desenho e, além dos motivos já mencionados acima, a criança ainda sentirá que os pais não valorizaram sua atividade.

Colocamos aqui alguns princípios e atitudes da parentalidade positiva que divergem muitas vezes de uma educação tradicional. Ela nos prepara para o desenvolvimento do raciocino lógico matemático, nos ensina a obediência e supremacia dos pais, mas não ensina sobre o nosso mundo interior, não estimula a responsabilidade, não expande nosso senso crítico e autonomia. A obediência nos leva muitas vezes à impotência, desconsiderando as necessidades, vontades e sentimentos do outro.

Já a Parentalidade Positiva parte do princípio da cooperação, onde somos semelhantes e as necessidades de todos importam. E, ao invés de fornecermos uma educação autoritária, na qual acabamos tendo um vínculo frágil com nossos filhos, e eles "aprendem" apenas por meio de castigos e ameaças, queremos fornecer às crianças uma conexão verdadeira, em que se sintam ligadas a nós, baseada na confiança e respeito e, assim, estarão sempre disponíveis para cooperar e nos escutar. Essa é a verdadeira e única forma de influenciarmos nossos filhos. E assim poderemos até ser uma autoridade para eles, não no sentido de se fazer obedecer, mas no sentido de autoridade que detém muito conhecimento em determinado assunto, daquelas que são admiradas e queremos, por livre e espontânea vontade, seguir.

4.1. A teoria do apego

> "O comportamento de apego foi definido como a busca e a manutenção da proximidade de um outro indivíduo" (BOWLBY, 2002, p.240).

Desde o nascimento, todo os bebês primatas (exceto os humanos) ficam agarrados à mãe. Durante toda primeira infância, ficam em contato direto com ela ou a poucos metros de distância. À medida que vão crescendo, diminuem gradativamente o tempo que ficam grudados à mãe, porém ainda se mantém próximos durante a noite ou ao menor sinal de perigo. Em outras espécies, alguns se mantém apegados à mãe até a adolescência e em algumas, o vínculo continua mesmo na idade adulta, porém de forma mais fraca.

Nos seres humanos, o comportamento de apego é exibido de forma vigorosa e regular até aproximadamente três anos. Um adulto que promove uma relação de apego seguro é um adulto responsivo, que sabe responder às necessidades do bebê (quando o bebê chora porque quer colo, ele dá colo; quando o bebê chora porque está com fome, ele o alimenta etc.), ele observa aquele bebê para que possa prontamente responder às suas necessidades. Quando os bebês têm uma relação de apego seguro, eles estão próximos às suas mães (ou cuidador principal), o bebê não sente frio porque se sente abraçado pela mãe, ele não fica cansado, porque tem a mãe sempre por perto para satisfazer suas necessidades, quando tem fome é prontamente atendido e assim por diante. Por outro lado, quando os bebês não estão com suas necessidades prontamente atendidas, eles ativam a relação de apego, isto é, eles ativam comportamentos de apego que muitas vezes vêm da sua própria necessidade fisiológica, como fome, cansaço, dor, frio e, através da proximidade que esses comportamentos oferecem, o bebê se organiza. Por isso que dizemos que quanto mais a relação de apego seguro existir, menos o bebê e a criança irão demandar.

A partir dos três anos, as crianças vão se tornando cada vez mais aptas em locais estranhos a sentirem-se seguras com figuras subordinadas de apego, como uma professora, ou um tio, por exemplo. Ressalta-se que essa é uma segurança condicional, para ela existir é preciso que as figuras subordinadas de apego sejam pessoas com as quais a criança já esteja familiarizada, preferencialmente aquelas que a criança conheceu quando estava em companhia da mãe. A criança também deve estar saudável e não assustada, além de saber onde a mãe está e confiar que poderá fazer contato com ela caso necessário. Na ausência dessas condições, é provável que a criança fique "manhosa", que peça e chore pela mãe ou que manifeste algum distúrbio de comportamento.

Apesar de a partir dos três anos a criança já manifestar um comportamento de apego menos frequente e menos urgente, ele ainda constitui uma parte importante do seu comportamento. Basta observarmos as crianças em momentos de insegurança e como elas buscam sua figura de apego nessas situações. Podemos ver até mesmo crianças entre seis e dez anos que, durante um passeio, logo buscam a mão de seus pais, quando algo dá errado nas brincadeiras com outras crianças voltam-se para suas figuras de apego imediatamente, mostrando que o comportamento de apego continua sendo um traço dominante nas suas vidas.

Por isso é muito comum escutarmos que a criança mudou quando a mãe chegou, que antes nem tinha chorado, e foi só a mãe chegar que começou a chorar. Muitas mães ficam com vergonha e pensam que a criança se comporta melhor longe delas, mas isso não é verdade. O que ocorre é que a criança consegue expressar aquilo que ela sente próximo a sua figura de apego, não é que ela não sentiu antes, apenas não conseguiu colocar para fora e, no momento que teve sua figura de apego, se sentiu segura para poder expressar suas emoções.

É como se o bebê ou criança passasse o dia reprimindo suas emoções, quieto, armazenando as tensões. Aí, assim que vê sua mãe (geralmente a figura de apego principal), frente a menor frustração, coloca tudo aquilo que foi reprimido para fora. Vale ressaltar que este não é um processo consciente, a criança não guarda suas frustrações esperando a mãe para despejar nela, ela apenas sente que, frente a um gatilho com a sua figura de apego próxima, ela coloca tudo pra fora.

Já no período da adolescência, a relação de apego sofre mudanças. É que outros adultos assumem importância na vida desses adolescentes e a atração sexual por companheiros da mesma idade também começam a ampliar o quadro. As mudanças aqui dependerão muito da individualidade de cada um, existem adolescentes que irão se desligar dos pais completamente e aqueles cujo apego aos pais permanece, apenas adicionando relações e vínculos com outras pessoas. Entretanto, na maioria das vezes, a conexão com os pais permanece na vida adulta e afeta o comportamento de inúmeras maneiras. Até que na velhice, quando o comportamento de apego não pode mais ser dirigido para os pais, corre o risco de passar a ser dirigido para membros de gerações mais novas.

Em casos de doença, calamidades, perigo, desastres, mesmo o adulto sempre buscará proximidade com pessoas de sua confiança. Em determinadas situações, o surgimento do comportamento de apego com maior intensidade é natural. Portanto, jamais devemos nos referir a esses comportamentos como algo "regressivo" durante a vida adulta. Falar que o comportamento de apego na vida adulta é uma regressão é negar a importância vital desse comportamento, do nascimento até a morte.

O apego é o comportamento com o sentimento mais forte e potente, as figuras para as quais ele é dirigido são amadas e a chegada delas é sempre comemorada.

Quando a criança está na presença de sua figura de apego, ou a tem por perto, ela se sente segura e tranquila. Um ameaça ou perda dessa figura, gera ansiedade e uma falta real, tristeza profunda.

Inevitavelmente ocorrerão situações de conflito ou estresse entre as pessoas, mas nem por isso será gerado um trauma, pois podemos aprender que uma relação positiva pode ser restaurada. Essa é a essência de uma relação de apego construída entre pais e filhos, que promove segurança emocional e autoconfiança.

Quando existe uma relação de apego seguro, a criança aprende que a figura parental irá acalmá-la e confortá-la quando estiver angustiada, que não vão deixá-la sofrer por muito tempo. Porém, se a criança aprender que não pode recorrer aos pais em busca de conforto quando estiver angustiada, pois irão ignorá-la ou puni-la ainda mais, ela ficará presa a sentimentos de estresse, com elevados níveis de cortisol.

De acordo com a teoria do apego, as crianças desenvolvem modos de funcionamento de relacionamentos baseados em suas próprias experiências. Isso não significa simplesmente modelos de como as outras pessoas se comportam e sim modelos de interação entre os indivíduos, principalmente com a figura materna. Caso os pais mostrem pouco interesse pelos sentimentos do seu filho, este sente que seus sentimentos pouco importam para os demais e, provavelmente, também manifestará pouco interesse pelos sentimentos dos outros.

Quando a figura de apego é responsiva às necessidades da criança, cuida dela, está atenta a todas as demandas, é construída uma relação de apego seguro, ou seja, é fornecido para aquela criança base para uma boa segurança interior. Em contrapartida, quando essa figura não é responsiva às necessidades da criança, não a observa, não está atenta às suas demandas, isso impactará suas estruturas cerebrais, alterando sua tolerância ao estresse e até mesmo seu DNA.

Há ainda mais consequências do estresse e falta do apego seguro no início da vida. Uma delas é a redução da quantidade de serotonina disponível para ajudar a amígdala e o cingulado anterior a funcionar bem. Quanto mais estresse, menos serotonina e mais suscetível a desenvolver um TEPT (Transtorno do estresse pós-traumáttico) mais tarde essa criança estará.

A relação de apego inseguro aumenta o risco de comportamento antissocial no futuro. Sem a ajuda dos pais para regular o bebê, ele não aprende e não desenvolve a sua capacidade de prestar atenção e regular suas emoções.

A neurociência desvendou que adultos com amplos relacionamentos sociais têm um córtex orbito-frontal maior. Essa estrutura do nosso cérebro, que representa grande parte do que é o ser humano, se desenvolve, em sua maioria após o nascimento e só começa a amadurecer após a primeira infância. Ele se conecta por meio da estimulação social, ou seja, brincadeiras, toque e interação. Ou seja, um bebê não conseguirá desenvolver seu córtex orbito-frontal sozinho. Ele precisa da disponibilidade e do relacionamento com outras pessoas, principalmente nos momentos difíceis. Portanto é difícil imaginar um adulto sociável, se quando bebê e durante a infância viveu em condições de isolamento.

Para cultivar então essa relação de apego seguro e estimularmos o cérebro dos nossos filhos para que se desenvolvam da melhor forma possível é que devemos praticar os "4 ps", ou seja, atender as necessidades infantis inatas dos nossos filhos, que são: Proximidade/conexão, Proteção, Previsibilidade, Diversão (Play).

Necessidades infantis inatas ("4Ps")

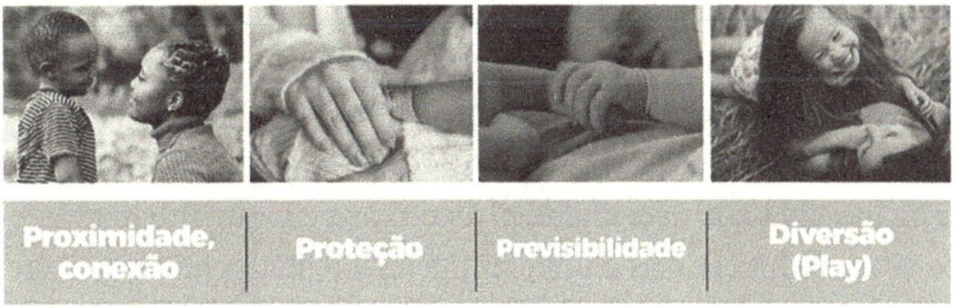

Fonte: Adaptado Formação em Atuação Consciente – Escola da Educação Positiva – 2021

Proximidade/conexão é estar atenta às necessidades do meu filho e saber como satisfazê-las. É estar atenta para saber se minhas atitudes durante o dia estão promovendo conexão ou desconexão. É sair do "piloto automático" nos momentos de interação, ou seja, estar presente e conectada na hora de colocar para dormir, na hora de dar banho, é prestar atenção e enxergar aquela criança mesmo nas atividades rotineiras e cotidianas.

Proteção é promover segurança. Enquanto pais ou cuidadores, essa é nossa obrigação: dar segurança aos nossos filhos e protegê-los do perigo sempre que possível. Dar proteção a nossos filhos é ir de encontro à negligência. É colocar nosso filho na cadeirinha do carro de forma respeitosa, mesmo contra a vontade dele, mas sabendo que se essa é a forma mais segura, essa é a forma que ele irá. É usar cinto de segurança frente a choros. É cuidar da alimentação dele e ter sempre comida saudável para oferecer, mesmo ele preferindo biscoitos e chocolate. É segurar de forma abrupta e firme em seu braço (mesmo sendo radicalmente contra qualquer tipo de violência) se seu filho estiver correndo em direção a uma rua movimentada de carros e explicar a ele porque agiu dessa forma.

Quando falamos em previsibilidade, logo vem à cabeça a rotina, implementada muitas vezes de forma radical por muitas mães. A rotina faz bem sim à criança, pois fornece a ela segurança, ela sabe o que esperar do ambiente. O que precisa ficar claro, é que essa rotina não precisa ser estática e deve ser feita baseada nas necessidades da criança e o que infelizmente se vê em muitas casas é uma rotina rígida, feita para organizar a agenda dos pais e pouco atenta às necessidades da criança. Podemos sim colocar um horário para alimentação, mas precisamos respeitar se em determinado dia nosso filho não estiver disposto a se alimentar naquele horário, ou se tiver fome antes da próxima refeição. Outro importante ponto dentro de previsibilidade é ter uma atitude previsível, é o bebê ou a criança saber o que esperar daquela mãe (ou cuidador). Uma mãe estressada não irá conseguir criar um vínculo real, uma relação quase simbiótica com a criança. Porém, uma mãe que um dia está estressada e no outro parece que quer "compensar" isso e fica alternando esses comportamentos pode fazer ainda mais mal para essa criança e essa relação, pois o filho nunca sabe o que esperar da mãe, e isso coloca a criança numa posição de defesa, produzindo estresse nela, que sendo constante pode ocasionar o estresse tóxico. O estresse tóxico significa uma produção elevada de cortisol, que pode acarretar diversas consequências, dentre elas prejudicar o hipocampo que atua diretamente na capacidade de aprendizagem e memória.

E o último P, vem de *play*, traduzido como "brincar". Crianças precisam brincar, é assim que elas aprendem e elaboram o mundo. Com toda certeza o brincar é a forma mais poderosa de conexão com as crianças e é uma obrigação dos pais brincarem com seus filhos, sem isso não irão conseguir estabelecer uma relação de apego seguro com eles. O brincar é uma ferramenta tão potente de conexão que foi destinado um capítulo exclusivo para ele.

4.2. Miguel e as telas

Certa vez uma mãe fez contato comigo após uma palestra para ajudá-la com seu filho Miguel, de cinco anos. Marcamos um primeiro atendimento para entender a demanda.

Os pais me relataram que Miguel sempre foi um menino muito bonzinho, que nunca deu trabalho. Eles me disseram que Miguel passa tempo demais nas telas e quando pedem para que saia, ele chora, grita, faz pirraça. Eles me disseram que colocaram limites de tempo de uso, de dias certos que podem utilizar, porém, às vezes devido a alguma necessidade acabam deixando-o usar outros dias e ficar mais tempo do que o combinado. Disseram que essa atitude pode estar "interferindo" nele não conseguir cumprir os acordos e fazer cada vez mais pirraça, mas que quando veem, já liberaram. Outro ponto que me relataram, foi que quando ele fazia pirraça ou algum mal comportamento, eles o castigavam impedindo Miguel de ficar nas telas, mesmo nos dias permitidos. Quando questionei mais a fundo sobre os castigos, eles contaram que muitas vezes só ameaçam e poucas vezes conseguiram cumprir até o final.

Comecei então orientando e levando a reflexão sobre os castigos e pedi que refletissem sobre a frase de Jane Nelsen: "De onde nós tiramos a ideia absurda de que, para levar uma criança a agir melhor, antes precisamos fazê-la se sentir pior?"

Expliquei sobre o castigo, que muitas vezes ele pode até "funcionar", ou seja, extinguir aquele comportamento indesejado, mas a um alto custo, ao custo de fazer a criança se sentir inadequada, de sentir mal, de minar sua autoestima, de ter medo dos pais e tenho certeza de que essa não é a relação que nenhum pai quer construir com seus filhos. Além disso a criança extingue aquele comportamento por medo da punição e não por entender o que está por trás dele, sendo assim, um comportamento semelhante ela poderá agir errado, pois não aprendeu de fato o que era prejudicial.

Depois falamos sobre o tempo de uso das telas, da importância dos limites e dos riscos da exposição excessiva. E quis entender um pouco mais sobre o que havia mudado, para que essa criança que nunca havia "dado trabalho", com o uso de telas passou a ter comportamentos desafiadores.

A mãe me contou que leu muito durante a gravidez e que fez um curso de cuidados com o bebê e o colocou todo em prática. Relatou que seguia rigorosamente uma rotina quando Miguel era bebê e que sempre deu muito certo. Ela me trouxe os cadernos em que anotava absolutamente tudo que Miguel fazia até os três anos, o que ele comeu, quantas horas dormiu, o que fez... Falou que Miguel mamava de três em três horas e que depois da primeira semana nunca teve problema, ele nem pedia fora do horário. Disse também que a partir dos três meses ele já dormia a noite toda, que contou com a ajuda de uma consultora do sono, que "ensinou" a ela como fazer para que ele dormisse a noite inteira.

Comecei a refletir sobre a teoria do apego e me perguntava em que horas a mãe estava realmente conectada com Miguel quando ele era bebê. Durante nossas conversas, ficou claro que aquela mãe, preocupada em ser excelente, tinha uma lista de tarefas para cumprir com seu filho, um verdadeiro *checklist* diário, mas nessa lista de tarefas não tinha a mais importante: estar conectada com o filho. E me parecia muito claro que Miguel não ativasse mais o comportamento de apego, pois ele havia "desistido". Ele era uma criança "tão boazinha" porque estava renunciando a sua essência para ser aquilo que esperavam dele. Perguntei sobre outras questões relacionados a Miguel e percebi que ele demonstrava sempre uma passividade. Miguel cooperava, aprendeu que precisava ser aquilo que queriam que ele fosse e assim ele agiu.

Até que entraram as telas, e o mundo virtual passou a ser mais atrativo que o mundo real. Naquele mundo ele podia ser ele mesmo e por isso ficar sem ela era tão difícil. As telas preenchiam um vazio em Miguel.

Trabalhei com os pais sobre a teoria do apego, a importância do tempo de qualidade, que o tempo que Miguel não estava nas telas, deveria estar com os pais, conectado a eles e não apenas envolto em atividades curriculares ou na televisão. Perguntei quanto do tempo eles passavam brincando com Miguel e me disseram que não brincavam, que Miguel gostava de brincar sozinho, mas que agora com as telas ele quase não brincava mais.

Aos poucos os pais foram percebendo como estavam desconectados do filho, e solicitaram ajuda para buscar essa conexão. Conversamos e debatemos muito sobre os 4 Ps (proximidade, proteção, previsibilidade e diversão – *play*). Falamos de como os 4Ps impactam no comportamento da criança, até mesmo no sono e/ou alimentação.

Dentro de proximidade, falamos da importância de eles observarem Miguel, se conectarem a ele, saírem do "piloto automático", de criarem uma intimidade emocional com o filho. Às vezes um caminho é começar a falar da gente, contar nossas coisas para nossos filhos e com isso vamos nos conectando e eles também irão se abrir conosco. Observar nosso filho significa estar atento aos comportamentos dele, saber que muitos comportamentos desafiadores não são nossos filhos, são simplesmente uma forma deles nos comunicarem algo. Quando Miguel fazia pirraça porque não queria sair das telas, o que esse comportamento queria dizer para os pais? Provavelmente Miguel não queria sair pois ali que ele passava seu tempo e ao descobrir que teria coisas melhores para fazer longe das telas, seria fácil deixá-la de lado.

E foi aí que entrou a Previsibilidade. Aos poucos Miguel foi percebendo que teria seus pais para estar com ele nos momentos que estava longe das telas. Também foi reaprendendo que os combinados deveriam ser cumpridos e não recombinados quando fosse para atender a alguma necessidade dos seus pais. A partir da consciência que seus pais foram adquirindo, de como um exercício da parentalidade positiva promoveria uma relação muito melhor entre eles, criar um ambiente previsível e uma relação previsível foi fácil e apenas uma consequência para aquela família tão engajada.

Quanto à Proteção, falamos sobre os riscos das telas, sobre o que o Manual de Orientação feito pela Sociedade Brasileira de Pediatria sugere, alguns artigos e para os pais de Miguel ficou clara a necessidade de protegê-lo.

E chegamos ao brincar. De como se conectar com ele dessa forma seria essencial, de como eu tinha a mais absoluta certeza de que Miguel preferia brincar com seus pais a telas, que bastava eles se dedicarem a isso. Eles foram colocando suas dificuldades, que muitas vezes durante a rotina, com o cansaço não conseguiam nem pensar em uma atividade para fazer com o filho que o mantivesse longe das telas. E então criamos um pote de atividades. Para os momentos que não sabiam o que fazer, colocamos diversas atividades já com coisas que eles tinham em casa para só tirar um papel e realizar junto a Miguel. No pote encontravam coisas que eles gostavam de fazer juntos, tais como: colorir, jogar *dobble*, montar quebra-cabeças, desenhar as emoções do dia, montar estrada para carrinhos, alguns jogos de tabuleiro que eles tinham, mímica e adivinhação, ajudar a preparar a próxima refeição, fazer um desenho sobre a parte preferida do dia, brincar de super-heróis, jogar boliche com garrafas pet etc. Enchemos um pote de atividades para que o cansaço não atrapalhasse a criatividade.

A rotina dessa família mudou. Miguel pôde ser ele mesmo. Claro que teve muita dedicação e comprometimento de seus pais. Ficarão sempre marcados como pais extremamente comprometidos e como que graças ao emprenho deles, em pouco tempo tiveram resultados extraordinários. Não precisavam nem mesmo mais limitar o tempo de telas, Miguel só as usava em situações especiais. Em viagens no carro, em espera. Mas sempre aceitando os combinados e praticamente não existindo mais as pirraças.

Mágica? Não. Fruto da escolha de uma educação respeitosa, na qual as crianças entendem que são merecedoras de respeito, de ajuda e de que sempre terão alguém para levantá-las quando caírem. E essa é a base da teoria do apego.

5. BRINCAR COMO CONEXÃO

5.1. Joe e seu rótulo

Certa vez uma mãe me procurou pelo WhatsApp para marcar uma consulta de psicoterapia para o filho dela de 8 anos, vamos chamá-lo de Joe. Expliquei a ela que a primeira consulta deveria ser com os pais para que eu pudesse fazer uma anamnese, entender a demanda para que depois conhecesse o filho dela. Ela insistiu que não era necessário conversar com ela e com o marido, que o filho era diagnosticado com TDAH, fazia uso de medicamento e a psicoterapia era para acompanhamento.

Expliquei a ela minha metodologia de trabalho e que, sem conversar com os pais, não teria como atender aquela criança. Ela cedeu e marcamos a primeira consulta. No dia da consulta, recebi os pais e comecei a fazer a anamnese. Para 80% das perguntas a resposta ficava em torno do diagnóstico, que era uma criança com TDAH. Perguntava sobre o sono e a reposta era: "sabe como é, né?! Tem dificuldade para dormir, é muito agitado, tem TDAH". Perguntava sobre alimentação: "come muita porcaria, mas também, é muito difícil mantê-lo na mesa durante as refeições, ele tem TDAH, então não consegue ficar parado muito tempo".

Joe era filho único. Quando perguntei sobre a rotina... Ela me disse que ela e o marido trabalhavam o dia todo, então optaram por uma escola integral. As aulas começavam as 07:20 da manhã e terminavam às 17:30h. Como os pais estavam trabalhando este horário, ele fazia aula extra na escola até às 19:00h (dois dias na semana música, dois dias na semana inglês e na sexta-feira saia às 17:20h). Na terças e quintas-feiras ele ainda fazia natação das 19:20 às 20:00h.

Eles me disseram que estavam pensando em contratar uma professora particular, pois suas notas não estavam boas e eles não conseguiam fazê-lo estudar em casa. Eu perguntei quando seria isso e eles me disseram que à noite, antes de dormir, ele deveria estudar.

Perguntei como eram os finais de semana, se Joe tinha amigos e brincava com outras crianças. Eles disseram que nos finais de semana era quando liberavam o uso das telas, então ele passava maior parte do tempo nelas e muitas vezes na casa dos avós. A mãe acabou revelando com muita tristeza no olhar que, como ele era uma criança com TDAH, muito agitado, não gostava de levar ele nos almoços ou programas sociais aos finais de semana, pois ele "dava muito trabalho".

Conheci o Joe, de fato uma criança que demonstrava muita agitação. Só consegui de fato me conectar a ele no nosso segundo encontro. Nossas consultas eram aos sábados. Para me conectar a ele, usei de jogos e brincadeiras que movimentassem o corpo. Aos poucos nossa conexão foi aumentando e fui conhecendo mais a fundo o menino, conhecendo suas necessidades não atendidas. Joe chorava muito para ir embora, querendo ficar mais no consultório e naquele espaço em que ele podia expressar sua essência.

Após alguns atendimentos chamei os pais para uma devolutiva parcial e investiguei um pouco mais sobre o diagnóstico de TDAH. Não faz sentido aqui revelar os detalhes, mas o diagnóstico e medicação foram feitos por pessoas diferentes e sem os requisitos necessários para tal. Comecei um trabalho paralelo de orientação de pais e a psicoterapia com Joe.

Como os pais foram vendo "resultados" através da psicoterapia, foram se abrindo cada vez mais na orientação e aí começou todo um trabalho de desconstrução daquele diagnóstico. E o mais bonito dessa história e o motivo dela estar aqui, neste capítulo, é que essa desconstrução só foi possível graças à potência do brincar.

As sessões de psicoterapia foram dando espaço para oficinas sobre o brincar. Nas orientações de pais falávamos da importância do vínculo entre eles e como os comportamentos desafiadores do Joe (agitação, sono, dificuldade na alimentação, notas baixas) eram formas dele mostrar o quão frágil esse vínculo estava.

E qual o caminho para reconstrução desse vínculo, dessa relação de qualidade? O mais potente a ser utilizado com crianças, o caminho do brincar.

O brincar não só reestabeleceu o vínculo com os pais, como descontruiu um rótulo em torno daquela criança e foi o melhor meio de comunicação para dizer aos pais que o que ela precisava era disso, de brincar e de tempo de qualidade com eles.

5.2. A importância do brincar

A ideia do brincar pode assustar muitos pais, mas brincar com nossos filhos é algo tão sério que nem deveria ser chamado de brincadeira. É através do brincar que a criança aprende a se comunicar, experimenta e conhece o mundo e suas dinâmicas.

Brincar é o maior organizador da vida de uma criança. Quando algo não vai bem, é através da brincadeira que ela consegue colocar isso "para fora" e se organizar. As crianças deveriam passar a maior parte do tempo brincando, com adultos, com crianças, mas sempre com aval e proteção de seus pais e/ ou cuidadores.

Brincar também é uma excelente fonte de aprendizado. Uma das formas de aprendizado é através da imitação, ou seja, brincar de alguma coisa ou que é outro alguém. Se brincam de loja, aprendem como funciona uma. Se brincam de boneca, aprendem como cuidar de um bebê. Se brincam com ferramentas, aprendem a manejá-las. A criança aprende observando e brincando de imitar aquilo que o adulto faz. Por isso, infelizmente, se os pais vivem atentos ao celular, logo ela aprenderá brincando como utilizá-lo.

Brincar ainda é, sem sombra de dúvidas, uma das melhores formas de nos conectarmos com nossos filhos. Mesmo que ele já seja adolescente, podemos substituir esse brincar por tempo de qualidade ao lado dele fazendo atividades do seu interesse. É através do brincar que as crianças desenvolvem melhores competências linguísticas e sociais, ficam menos agressivas, se mostram mais gentis com os outros, apresentam mais autocontrole e capacidade para pensar, manifestam melhores competências de autorregulação emocional e mais imaginação. Por isso que brincar é coisa séria, é o trabalho da criança. E essa pode ser uma ferramenta poderosa de conexão com seu filho e desconexão das telas.

Frente a uma dificuldade, uma situação que a criança ainda não sabe como lidar, a brincadeira pode ajudar muito. Através dela, a criança poderá se sentir aceita e compreendida, e outro, os pais as estimulam a encontrar alternativas, sem necessariamente darem respostas. É brincando de "faz de conta" que a criança pode vivenciar situações que ela deseja enfrentar e aprender a lidar com seus medos.

As crianças interpretam o mundo pela brincadeira, e entender a importância de se conectar a elas nesse universo é criar uma linda oportunidade de nutri-las emocionalmente. É através do brincar que ela se expressa, absorve o mundo e o elabora.

Por isso, destinar tempo de qualidade aos nossos filhos já é uma super ferramenta para o desenvolvimento deles, quando esse tempo ainda é com o brincar, é de uma potência sem tamanho.

O brincar também é considerado a linguagem mais fácil entre adultos e crianças, porque os aproxima e é uma poderosa ferramenta para a criação de vínculo. Quando brincamos com nossos filhos, eles se sentem amados, respondemos às necessidades deles de pertencimento, segurança e afeto. As crianças precisam de brincar, assim como precisar de comer ou dormir.

Brincar, além de ser uma potente ferramenta para comunicação, vínculo e pertencimento, ainda é uma atividade física. Ela envolve cabeça e corpo. Se engana quem pensa que o brincar acelera as crianças, na verdade ela acalma, pois proporciona um momento para liberar todas as tensões e energias reprimidas do dia.

Brincar com a criança mostrando-se atento às suas emoções, interagir com ela, falar e ouvi-la, estar verdadeiramente com ela, influem no nível dos hormônios do estresse e até mesmo na regulação de sua pressão.

Ao brincar, proporcionarmos experiências positivas aos nossos filhos. E são essas experiências que irão ajudá-los no futuro a enfrentar os desafios. Elas darão segurança para eles tomarem as melhores decisões e saberem que tem seu lugar seguro e são amados.

Sabemos, entretanto, que nem sempre o brincar com o filho é uma tarefa fácil ou prazerosa. Muitos pais relatam a dificuldade que têm em disponibilizar esse tempo de brincadeira com os filhos. E os filhos percebem isso. De nada adianta esse brincar, se ele não tiver uma entrega, se não for feito de forma genuína.

Sabemos o quanto é difícil hoje termos esses momentos de entrega, ainda mais para brincadeira, quando temos que dar conta de tantas coisas. Ao chegar em casa, muitos pais ainda precisam dar conta de finalizar demandas do trabalho, enquanto os filhos têm uma lista de tarefas de casa provenientes da escola cada vez maiores. Os pais precisam cuidar dos afazeres da casa enquanto os filhos têm dezenas de atividades extras como natação, inglês, aulas de robótica, entre tantas outras atividades "essenciais" para prepará-los para o mundo. E diante disso, o tempo para "brincar" fica em segundo plano.

E ainda temos os pais que conseguem ter esse tempo, mas ainda assim revelam uma grande dificuldade para sentar e brincar com os filhos. Preferem ficar cada um na sua vendo televisão, cada um na sua tela (seja no *smarthphone*, tablet ou computador) no tempo em que poderiam estar junto brincando e se conectando. Essa dificuldade pode falar muito mais da criança interior dos pais do que dos filhos. Como era o momento de brincadeira quando esses pais eram crianças? Foram crianças que brincaram muito sozinhas? Existia tempo para o brincar? A dificuldade de brincar com os filhos pode estar numa criança interior ferida, por não ter tido a necessidade do brincar completamente atendida.

Por isso separamos aqui algumas dicas (que não devem ser seguidas à risca) para serem avaliadas e ver a que melhor pode encaixar com cada realidade, para ver aquela que faça sentido para sua família e possa ajudar nesse tão importante momento com seu filho.

Dicas para facilitar o brincar com seu filho:

- Comece escolhendo você a brincadeira (claro que uma que ele aceite também). Uma brincadeira que te dá prazer será mais fácil para iniciar esse tempo de qualidade. Vale jogos de tabuleiro, quebra-cabeças, adedonha ou *stop*, jogo da velha, carrinho, boneca, brinquedos de montar, jenga, *double*, dama, caça palavras, brincar de bola, mímica. Escolha aquela brincadeira que ambos se sentirão a vontade de brincar juntos.
- Comece destinando um tempo menor para brincadeira. Para que possa estar ali por completo. Quinze minutos de qualidade podem ser suficientes para começar essa conexão. Na medida que forem amadurecendo juntos nessa prática, o tempo passará sem que ninguém perceba.
- Uma prática muito bacana é começar com a brincadeira logo pela manhã. Assim já abastecemos o tanque de combustível dos nossos filhos e deixamos eles muito mais preparados para enfrentar o dia e lidar com qualquer frustação que possa ocorrer.
- Para os pais que têm mais de um filho, comece brincando 15 minutos com cada um separadamente (quando possível). Como as idades provavelmente são diferentes, será mais fácil se conectar com ele brincando individualmente com cada um. Quando a brincadeira já fizer parte da rotina, brinque com cada um separado, brinque com todos junto, mas brinque sempre!

Quando brincamos com nossos filhos e desenvolvemos esse vínculo, eles serão adolescentes muito mais conectados conosco. Mas se você é pai, mãe, cuidador e não brinca com seu filho, comece já, sempre é tempo de investir na relação mais importante de nossas vidas. E se seu filho já é adolescente e não brincou com ele na infância ainda é possível recuperar e reconstruir esse vínculo.

A adolescência é considerada o segundo nascimento, é quando a energia está em sua potência máxima e ao mesmo tempo os adolescentes tornam-se menos dependentes dos adultos, o que gera estranheza para relação. Muitos pais reclamam da rebeldia dos adolescentes e não enxergam como isso pode ser resultado de um ambiente de repressão durante a infância. Mas o que muitos também não sabem é como se conectar a eles visto que já estão "grandes" demais para brincar.

Assim como as crianças, não existe um único caminho nem uma fórmula mágica. É necessário disponibilidade e observação. Disponibilidade para ter tempo e se dedicar à reconstrução desse tão importante vínculo. E observação para estar junto e entender qual a melhor e mais potente forma de conexão com seu filho adolescente. Pode ser sim através de brincadeiras, como jogos de tabuleiros, cartas, ou pode ser assistindo junto a uma série que ele goste, e isso ainda pode render muitas conversas sobre o mundo, atitudes, e tantas outras questões. Pode ser praticando esportes juntos. O importante é observar o que pode promover tempo de qualidade ao lado do seu filho e se dedicar a ele de forma genuína, leve, agradável e sem repressões, críticas ou qualquer atitude que afaste ao invés de conectar.

Brincar é a oportunidade dos pais ensinarem aos filhos as competências físicas, emocionais e sociais que eles precisarão em todas as suas interações. É uma forma de desenvolver a criança e estabelecer comunicação e vínculo. É tão importante que deveria ser considerado uma obrigação dos pais.

Quando olhamos sob a ótica da parentalidade positiva, pais que não brincam com seus filhos são considerados negligentes, pois brincar é tão importante quanto alimentar. E se brincamos com nossos filhos, pode ter certeza, que o tempo na tela será reduzido.

6. PODEMOS DAR AQUILO QUE NÃO RECEBEMOS?

"*... ninguém pede aquilo que não precisa. A criança não vai pedir nada que não surja do fundo do seu ser.*" (GUTMAN, Laura, 2020, p.110)

Os bebês quando vêm ao mundo têm necessidade de interação social para ajudá-los a se desenvolver e organizar seu cérebro. Se os pais não estão interessados nisso e não reagem positivamente a seus filhos, partes importantes do cérebro deles não irá se desenvolver bem. Isso pode afetar, principalmente, o córtex pré-frontal que é conhecido como o cérebro social. Pesquisas revelaram que em pessoas deprimidas, o córtex pré-frontal é menor, principalmente do lado esquerdo, evidenciando que a depressão está ligada ao fraco desenvolvimento do cérebro social no seu período mais formativo da infância (GERHARDT, 2017).

As crianças quando tem a resposta intuitiva e imediata de suas mães, ficam em pleno conforto e se sentem amadas. Em contrapartida, quando manifestam suas necessidades, seja de colo, de comida, de carinho, ou qualquer que seja ela e não são atendidas, pois não estão em fusão emocional com suas figuras maternas, é como se as mães não as sentissem. As crianças ficam, então, fora de sua zona de conforto e interpretam isso como "desamor".

Todas as interações sociais entre mães e filhos deveriam ser manifestações de amor. Todas as crianças são merecedoras de amor. As crianças, pelo simples fato de existirem, necessitam de amor na forma de cuidados, proteção, fusão emocional, demandas alimentares, amparo, segurança, disponibilidade corporal e companhia. Os adultos, por sua vez, foram feitos para amar o outro.

E por que não conseguimos fechar essa equação? Pelo fato de não termos recebido esse amor quando erámos crianças. Usamos mecanismos de sobrevivência e cortamos os laços com o nosso mundo interior para não sofrermos. Este é o início de todo o sofrimento posterior, que vem perdurando de gerações em gerações. O que acontece é que crescemos, mas a necessidade de sermos amados continua. Não importa a idade, continuaremos presos a essa necessidade de uma criança interior ferida e buscamos recursos várias vezes para receber amor de alguma forma. Recursos esses mais diversos possíveis, seja através de doenças mentais, de excesso de trabalho, de acúmulo de poder, de vícios ou mesmo da reprodução de violências vividas na infância.

O problema é que a maioria de nós, pais, não recebemos a atenção de que precisávamos quando bebês e crianças pequenas e agora achamos difícil dá-la a nossos próprios filhos, mesmo que muitas vezes isso não se manifeste de forma consciente. Nos sentimos impotentes frente a nossos próprios bebês, não sabendo o que fazer, como fazer ele parar de chorar ou dormir à noite. Só queremos que o bebê "pare de dar trabalho".

Vivemos em um modelo autoritário e hierárquico e as crianças são obrigadas a reprimir seus desejos e prazeres aceitando as imposições dos adultos. Como consequência, tornam-se provavelmente adultos dominadores, que não levarão em conta as necessidades das crianças, direcionando essa "energia" reprimida contra elas, assim como foi feito com eles.

Esse movimento de replicarmos a atenção não recebida na infância, pode ser visto através de vários comportamentos nossos, isolados ou em conjunto, sendo eles: dificuldade para brincar com nossos filhos, falta de paciência frente ao choro, irritação diante da briga de irmãos, dificuldade de fazer as lições de casa junto com eles, gritos quando fazem algo que consideramos errado, dentre tantos outros comportamentos.

E por que isso acontece? Fomos "educados" de forma a não conhecer nossas necessidades e sentimentos. Viemos de uma cultura que vem estimulando de geração em geração o não reconhecimento das necessidades e a anulação das mesmas ao invés de sua validação.

Fomos estimulados a "engolir o choro", a achar feio manifestar a nossa raiva ou o nosso descontentamento, comer um prato inteiro mesmo estando satisfeito, esperar a hora certa para dormir, independente do cansaço daquele momento, não demonstrar quando estamos chateados com alguma coisa, aprendemos que nossos sentimentos não tem valor (pois quando era criança e me sentia triste, alguém sempre dizia, "isso não é nada") e com isso fomos nos desconectando de nós mesmos e desaprendendo a reconhecer o que acontece conosco internamente.

E como se essa falta de reconhecimento das necessidades já não fosse suficiente, vemos cada vez mais manuais de maternidade que não são só prejudiciais na sua essência, como ainda tiram o foco do que realmente importa.

Não é difícil achar bibliografias, consultoras, aconselhadoras, por exemplo, que sugerem deixar o bebê chorar para ele aprender a dormir sozinho. Mesmo quando a neurociência já vem provar o contrário. O bebê que é deixado chorando é inundado por cortisol e, isso se mantendo constante, os receptores de cortisol irão se fechar. Isso quer dizer que futuramente esse bebê terá menos receptores para o cortisol. Como consequência, o cortisol secretado em momentos de estresse não vai encontrar receptores suficientes para recebê-lo, especialmente no hipocampo e no hipotálamo, e vai continuar encharcando o cérebro, produzindo alto níveis de cortisol e a sensação de que o estresse não pode ser interrompido. Há diversos estudos associando a depressão a essa resposta hiper-reativa ao estresse.

Infelizmente ainda escutamos muitos defensores da "educação tradicional" falarem que passaram por isso e sobreviveram, ou pior, que isso é educar. Vale ressaltar mais uma vez que o oposto a uma educação violenta ou "tradicional" não é uma educação sem limites (já mencionamos o quanto eles são importantes para as crianças), afinal, acredito que ninguém tenha dúvidas de que não será gritando que seu filho irá parar de gritar, não precisamos ser desrespeitosos para ensinar respeito, e o grande diferencial para uma educação de qualidade será sempre a relação que temos com nossos filhos. E a construção dessa relação passa por sermos responsivos às necessidades deles (lembrando que necessidades são diferentes de desejos) e que, ao optarmos por não agir dessa forma, teremos consequências.

Uma dessas consequências é afetarmos diretamente a autoestima das crianças. Toda criança nasce plena, com sua autoestima intacta e saudável. Ela é o nosso conhecimento sobre a experiência de quem nós somos, é como um núcleo, uma torre interna, o quanto eu me gosto e me aceito, é como se tivéssemos valor apenas por existir. Porém, quando eu digo a uma criança que o que ela sente não é importante (quando ela cai e chora e eu logo digo "não foi nada") aos poucos isso afetará sua autoestima, pois se não tem valor o que eu sinto, como eu posso ter?

Ser o objeto da atenção negativa dos outros ou ser desconsiderado também contribui negativamente para a autoestima, é como um ácido que a corrói. Quando isso é praticado pelas pessoas de quem mais se espera amor no início da vida, quando a personalidade está se formado, seus efeitos podem ser ainda maiores.

A maior consequência de quando não temos nossas necessidades atendidas na infância é que crescemos com um analfabetismo emocional. E vale aqui ressaltar que as necessidades devem ser atendidas, não os desejos. Como diferenciar? A criança tem necessidade da mãe, mas muitas vezes, por falta dela, transfere para um tablet e insiste na "necessidade" dele, quando na verdade, o tablet era um desejo gerado por uma necessidade não atendida - estar com a mãe.

Quando somos analfabetos emocionais, não somos capazes de assumir o papel de adultos no exercício da nossa parentalidade. Estamos ainda presos na nossa criança interior e procurando pessoas ou formas de atender essas necessidades.

Quando não conhecemos nossas necessidades, nem sequer temos noção de que elas não foram atendidas na infância, é como se eu entrasse em piloto automático, reproduzindo ações ou comportamentos sem ao menos entendê-los. É gritar sem saber o porquê, é perder a paciências com coisas simples sem entender o real motivo por trás, é simplesmente reagir às situações sem compreender que por trás daquela ação rápida tem um motivo, uma necessidade que não foi atendida ou mesmo uma criança interior ferida.

O que acontece, muitas vezes de forma inconsciente, é que se não tivemos nossas necessidades atendidas quando crianças, esperamos que como adultos teremos e muitas vezes ainda exigimos isso dos próprios filhos. É exigir silêncio de uma criança quando volta da escola, cheia de energia, doida para compartilhar com os pais o que aconteceu, porque o adulto quer ver o jornal. É estar cansado e querer uma refeição em silêncio e tranquilidade quando há crianças sentadas à mesa, e quando não a encontra, grita, fica nervoso, sem entender que as crianças não têm culpa do cansaço, não são responsáveis por ele, portanto não deveriam ser elas as punidas. A responsabilidade pela relação, pelo vínculo é do adulto, as crianças são os vulneráveis que necessitam de cuidados e de atendimento às suas necessidades.

Quem nunca viu uma mãe ou pai gritando com uma criança para ela parar de gritar? Se eu quero que meu filho não grite eu dou o exemplo gritando? Um pouco confuso para uma criança. Ou, basta lembrar da nossa infância, se teve pais que gritaram com você, acredito que não gostava disso e então por que repetir com seu filho? Não precisamos gritar para educar, muito pelo contrário, já percebemos que nosso exemplo vale muito mais, pois até repetimos o que nossos pais fizeram. Por que gritamos então? Porque temos uma criança interior ferida, porque temos uma criança interior que não teve suas necessidades atendidas, porque temos uma criança interior ainda buscando ser amada. E se eu não tenho empatia pela minha criança interior, pelas necessidades não atendidas na minha infância, como posso ter empatia pelas necessidades dos meus filhos?

E como mudar essa realidade? O primeiro passo é aceitar que não tivemos uma infância perfeita, que o que lembramos desse período vem muito mais do discurso do que o que de fato aconteceu. Ao olharmos compassivamente para nossa criança interior e para a dos nossos pais (eles também têm a criança deles ferida) e percebemos que muitos dos movimentos que fazemos vêm para atender as nossas necessidades e não a dos nossos filhos é um primeiro passo.

Muitos podem lembrar que tiveram uma infância maravilhosa, que tiveram as necessidades atendidas e que seus pais foram excelentes e acredito que sim, pois fizeram o melhor que podiam ter feito. Mas atender de fato às necessidades da criança, colocá-la como centro e respeitar sua integridade certamente não ocorreu por completo ou é uma exceção que ocorreu com poucos, pois nossa cultura, infelizmente, coloca a criança no local de que deve ser guiada pelos adultos sem levar em consideração suas necessidades, muitas vezes (na maioria delas) julgando que as crianças não sabem o que querem, quando na verdade, são os adultos que não sabem compreender o que elas querem.

O segundo passo é reconhecer que nossos filhos são os vulneráveis, que é nossa obrigação atender as necessidades deles, nós somos os adultos da relação. Somos nós quem devemos prover a eles tudo que precisam. Já falamos sobre a teoria do apego, de como sermos responsivos molda e equilibra o cérebro dos nossos filhos. De como ao nos conectarmos com eles, promovemos o desenvolvimento da inteligência emocional. Quando temos consciência dessa responsabilidade, começamos a transformar nossas ações e poderemos contribuir para a transformação das gerações futuras.

O terceiro passo é sempre olhar para nós, se não reconheço as minhas necessidades, não poderei ou não conseguirei atender as do meu filho. Sabe aquela frase que a aeromoça fala no avião? "Máscaras de oxigênio cairão, coloque primeiro a sua para depois ajudar ao próximo". Aqui também precisaremos ter esse olhar para nós mesmos, até para suportarmos e atendermos as necessidades dos nossos filhos. Precisamos reconhecer a importância de se ter uma rede de apoio e que pedir ajuda, muitas vezes, é uma necessidade e não sinônimo de fraqueza.

Quando não consigo olhar para mim mesmo, enxergar as minhas necessidades, entrarei no piloto automático e não conseguirei enxergar as necessidades dos meus filhos. Querem um exemplo? Quando estamos cansados e não reconhecemos essa necessidade e continuamos agindo tentando dar conta de tudo. Quem mais sofre? Os filhos! Geralmente são com eles os primeiros que os pais irão "estourar" (fomos criados com base em hierarquia) e reclamar sobre o seu cansaço e a "falta de cooperação" deles.

Para darmos aquilo que não recebemos, ou seja, para atendermos as necessidades de nossos filhos, precisamos é ter consciência que também não tivemos as nossas e que por isso é tão difícil atender de forma genuína e automática as deles. Mas quando buscamos essa consciência, nossas ações começam a mudar (ainda que não de forma automática e que muitas vezes ainda tenhamos que pedir desculpas) e a culpa que muitas vezes nos provoca dor passa a dar lugar a uma responsabilidade de buscar sempre o melhor para eles e por eles.

6.1. Equilibrar os pratos e a parentalidade

Quando realizei minha transição de carreira, equilibrei muitos pratinhos ao mesmo tempo. Abandonei uma carreira como executiva de RH de mais de 13 anos em troca de uma carreira que realizava como hobby e através de um atendimento voluntário para crianças que não tinham condições de pagar um psicólogo infantil.

Sempre amei meu trabalho, mas sempre tive a necessidade de ter um propósito maior por trás dele, por isso uma carreira na educação de mais de 16 anos. Entrei na faculdade de psicologia falando que ia trabalhar com crianças, mas a vida me presentou com a área de educação (que também sempre foi um sonho) e passei, muitos anos mais tarde, a desenvolver a psicologia infantil como hobby e como uma forma de ajudar as crianças que precisavam.

Até que minha filha começou a desenvolver um comportamento desafiador (ela se tornou extremamente seletiva para comer) e fui buscar ajuda para ela. Mas havia aqui uma criança interior muito ferida, que na vida profissional sempre buscou ir a fundo, ser referência, e como a psicologia infantil sempre foi um tema que me instigou, resolvi fazer uma pós em psicologia infantil e uma certificação em educação parental. E aí descobri que o problema era eu. Que essa criança interior ferida dedicava tempo demais ao trabalho e pouco para os filhos. Para os padrões que eu tinha (da minha criança interior) eu me dedicava muito, apesar de sempre trabalhar, me achava uma mãe presente até descobrir que não era. E descobri também um mundo maravilhoso, de muita desconstrução, mas extremamente transformador.

Mas, equilibrar esses pratinhos não foi tarefa fácil. Reduzi minha jornada de trabalho, iniciei uma rotina pesada de estudos, dois cursos ao mesmo tempo e uma quantidade de leitura em 6 meses que não li nem durante meu mestrado completo. E ainda tinha um outro lado, de ter e querer me dedicar mais ao tempo com meus filhos, tanto em qualidade quanto em quantidade.

Para equilibrar todos esses pratinhos e durante toda minha vida profissional e principalmente após a maternidade, o planejamento sempre foi meu aliado. Sempre gostei de planejar e escrever minhas metas diárias, semanais, mensais e entregas.

E me lembro de um domingo no qual, pelo meu planejamento, dormiria até mais tarde, depois ficaria com meus pequenos e no fim do dia começaria minha rotina de estudos entrando madrugada adentro. Ah, domingo também sempre foi o dia de fazer o planejamento semanal e organizar a semana.

De manhã e tarde, tudo conforme planejado. Final da tarde começo minha rotina de estudos. Muitas aulas para assistir, livros para ler, assuntos que me hipnotizam, até que já tarde da noite para uma criança (mas ainda muito cedo para minha rotina de estudos) minha pequena vem até mim e diz que não está conseguindo dormir, que está com medo e chora. Logo vem na minha cabeça a famosa frase da Laura Gutman "Ninguém pede aquilo que não precisa" e conscientemente sei que minha responsabilidade enquanto mãe é maior que todas as outras e fechei tudo e fui me deitar com ela.

Acordei mais cedo na segunda no que o normal, para sanar a pendência do que não consegui concluir no domingo. Depois, dediquei parte da manhã aos meus filhos e parte ao atendimento no consultório. Na parte da tarde tive que ir até meu outro trabalho que ainda estava equilibrando e quando retornarmos para casa após trabalho e escola, jantamos todos juntos, conversamos, acompanhei o dever de casa com as crianças (enquanto o marido ainda terminava o trabalho de casa) e depois combinei com ele dele colocar as crianças para dormir pois eu precisava assistir umas aulas.

E assim foi, mais uma madrugada de estudos. Terça-feira começa a rotina novamente. Até que na hora de ajudar nas tarefas de casa, eis que uma necessidade não reconhecida e não respondida apareceu: o cansaço. E acabei sem paciência com o meu filho na hora de ajudá-lo. Uma tendência cultural e hierarquizada que acabei "descontando" no meu filho, respondendo a ele de forma ríspida e pedindo a para prestar atenção.

Na verdade, quem precisava prestar atenção era eu. Precisava prestar atenção que eu estava cansada e que essa era uma necessidade minha a qual eu precisava atender para estar pronta para atender a dos meus filhos. Precisava prestar atenção que ao não atender essa minha necessidade eu entrava no piloto automático e acaba repetindo com meus filhos o que não queria, os padrões que tive na minha infância.

Veio a culpa? Sim, muita! Mas veio também um pedido sincero de desculpas a meu filho e o compromisso de me esforçar mais para que isso não se repita.

7. REAGIR NÃO É AGIR?

Reagir definitivamente não é agir. Quando eu simplesmente reajo, eu estou carente de liberdade. Eu tenho uma reação frente a uma ação que na maioria das vezes não é a que eu gostaria de ter.

Reagir é estar no shopping e, frente ao berro e uma pirraça do meu filho, gritar com ele e pedir para parar de gritar (mas eu estou gritando). É quando meu filho se mostra irritado, "manhoso" e eu perco o meu controle (como se meu controle estivesse ligado a controlar o comportamento do outro) e fico sem paciência, sem nem saber o porquê do meu filho estar daquela maneira. É quando ele não quer comer e aquilo de alguma forma me aborrece. Reagir é agir sem entender o que se passa com meu filho, é entrar no "piloto automático" mencionado no capítulo anterior.

Hoje é muito fácil entrarmos no modo "piloto automático", nossa rotina tem tantos afazeres, trabalho, escola dos filhos, aulas extras, compras para casa, compras para os filhos, o tempo parece que fica cada vez mais escasso e para dar conta de tudo parece que fazer tudo correndo é a única forma de conseguir cumprir a rotina.

Em março de 2020, quando começou de fato a pandemia no Brasil e todos foram para casa, me recordo de vários posts em redes sociais de gurus falando que agora teríamos tempo para fazer o que quiséssemos. Que como não precisaríamos mais nos deslocar até a escola e o trabalho, iríamos conseguir realizar todos os planos que estavam no papel, mas não tínhamos tempo. Porém a realidade da maioria se mostrou diversa, tivemos que desempenhar múltiplos papéis (que já desempenhávamos), só que ao mesmo tempo. Tínhamos que cuidar da casa, do trabalho, sermos professores e tudo ao mesmo tempo.

Muito se falou em "novo normal", mas pouco mudou em nossa sociedade, no entanto uma mudança em especial me marcou. Muitas famílias buscaram ajuda durante e após a pandemia. Muitas famílias nunca estiveram tanto tempo juntas e isso trouxe estranhezas e consequências mais diversas possíveis. O fato é que muitas famílias mal se conheciam juntas por muito tempo. E quando não nos conhecemos (a nós mesmo e às pessoas que convivem conosco) reagir torna-se inevitável.

Quando sou capaz de agir, principalmente frente a um comportamento desafiador do meu filho, sou capaz de entender o que se passa com ele. Sou capaz de entender que aquela pirraça no shopping foi porque ele tinha a expectativa de brincar, estava com muita energia e não conseguiu se regular frente a uma frustração. Eu sou capaz de perceber que a irritação do meu filho, o fato dele estar "manhoso", é porque provavelmente não teve um bom dia na escola e preciso investigar o que ocorreu lá. Consigo perceber que o fato dele não querer comer tem ligação com a expectativa que tinha do almoço e não se concretizou. Eu consigo observar meu filho e compreender ou mesmo investigar o que aquele comportamento quer me mostrar. Sou capaz de me lembrar sempre, até nas horas mais difíceis, que um comportamento desafiador não é o meu filho, é simplesmente uma forma dele me comunicar algo.

Quando construímos uma relação de qualidade com nossos filhos, quando criamos uma conexão genuína com eles, eu aumento as minhas chances de agir ao invés de reagir, pois eu conheço meu filho, eu entendo seu olhar, e muitas vezes eu consigo agir antes mesmo dele mostrar certos comportamentos que são gatilhos para que eu reaja. E quando, por algum motivo eu reagir, percebo logo e tenho a oportunidade de pedir desculpas e refazer a rota. Esse é o benefício de uma relação de qualidade com os filhos, do exercício de uma parentalidade consciente, saber que não seremos perfeitos, mas que poderemos sempre melhorar e aprimorar mais nossa conexão com nossos filhos, independentemente da idade deles.

7.1. A raiva como um sinal de alerta

A raiva é uma emoção muito forte e reagir quando estamos tomados por ela é quase que automático. Mas a raiva também pode ser um importante mecanismo que nos faz agir, ao invés de reagir. É como se a raiva fosse uma luz no painel do carro que se acende e que mostra que estamos com problema, que estamos prestes a reagir, que é hora de respirar fundo e buscar o que está por trás dela.

A raiva nunca é o problema. O pensamento que acontece dentro de nós quando a sentimos é que é, por isso devemos ir fundo no que está acontecendo dentro de nós quando ficamos furiosos e devemos ser capazes de chegar à necessidade que está na raiz dessa emoção e então atendê-la.

Marshall sugere alguns passos para lidar com a raiva e evitar uma reação. O primeiro passo é ter consciência que o estímulo ou gatilho não é a causa da raiva. Ou seja, não é simplesmente o que os outros fazem que nos enfurece, a real causa da raiva é algo dentro de nós que reage ao que fizeram. Por isso é importante separar o gatilho da causa.

O segundo passo é ter consciência de que sua avaliação do outro, o que você pensa sobre o fato, sob forma de julgamentos que lhes dizem que ele está errado, é a real causa da raiva. E na maioria das vezes, não a atitude do outro em si.

E o terceiro passo é descobrir qual necessidade nossa não está sendo atendida para desencadear a raiva. Em vez de estarmos diretamente conectados com o que precisamos, nos refugiamos na nossa própria mente e começamos a pensar no que está errado nos outros ao não atenderem às nossas necessidades. Os julgamentos que fazemos, dos outros, que causam nossa raiva, na verdade são expressões alienadas de necessidades não atendidas.

Um exemplo disso é a famosa pirraça do meu filho no meio do shopping que me causa um acesso interno de raiva. Qual necessidade minha que não está sendo atendida nesse momento? De aceitação pelos outros? De ser julgada como boa mãe? A resposta sempre estará dentro de cada um de nós.

A raiva é criada quando pensamos em quanto os outros estão errados, o que transfere essa energia da busca pela satisfação da necessidade para a culpa e punição dos outros.

Devemos perceber que a raiva nunca é sobre outro, é sobre nós. E a melhor forma de comprovarmos isso é pensarmos em como um mesmo fato, dependendo do dia pode nos deixar com raiva, dependendo do dia não. Quando você está no trabalho e alguém atrasou para a reunião e você aproveitou esse atraso para fazer uma compra *online* de algo que seu filho tinha pedido e ainda não tinha conseguido comprar, você tolera o atraso numa boa e faz a reunião sem nenhum problema. Porém, se no outro dia a pessoa atrasa a reunião, mas nesse dia você está com o tempo contado e um compromisso pessoal, portanto precisa sair no horário, esse atraso te consome com uma raiva que até dificulta a condução da reunião. E muitas vezes julgamos a pessoa que se atrasou, chamamos-a de irresponsável em pensamentos, pensamos que ela não tem compromisso como se ela fosse a causa da nossa raiva, quando na verdade a real causa é estar no horário no nosso compromisso seguinte.

O mais grave nas situações em que estamos com raiva é que vivemos em uma cultura hierarquizada e, por isso, nos momentos em que essa emoção toma conta do nosso ser, acabamos descontando em nossos filhos e promovendo uma desconexão com eles. Falamos coisas pesadas, duras e mostramos a ele um amor condicional. O que eles sentem é que naquele momento nós não os amamos, como se só o amassemos quando fazem algo que nos agrada. É claro, sei que não era essa a intenção dos pais, mas do ponto de vista dos filhos, esse é o sentimento que fica.

E nesses vazios, nessa desconexão é que o mundo virtual pode ser ainda mais atrativo. No mundo virtual não existe amor condicional, cada um pode ser quem quiser. Por isso é tão importante estarmos atentos ao que a raiva nos mostra, qual a necessidade por trás dela e não despejar uma comunicação violenta em cima dos demais e principalmente com os nossos filhos.

Perceber que a raiva tem mais a ver conosco do que com o outro, estar atento á luz no painel de alerta, nos faz perceber que depende de nós o que sentimos e o que vamos fazer com isso. Isso faz com que a gente não espere que o outro nos faça sentir melhor, muito menos o culpamos quando sentimos algo que não gostaríamos. Quando eu perco o controle e grito com meu filho mandando-o parar de fazer algo, o motivo de eu gritar está relacionado a mim e não ao que meu filho está fazendo. Quando temos essa consciência, estaremos preparados para educar filhos emocionalmente inteligentes, pois nossa regulação emocional é e sempre será pré-requisito para isso.

7.2. Para agir: focar no momento presente

Como eu posso então reagir, evitar a raiva e agir proativamente frente aos comportamentos do meu filho? Quando eu foco no momento presente, quanto mais eu faço parte da minha atividade no momento, conectada com o que está acontecendo dentro e fora de mim, mais eu serei capaz de agir ao invés de reagir. Eu serei capaz de perceber a minha necessidade de cansaço não satisfeita e de que como isso altera diretamente o comportamento com meus filhos. E se eu tiver consciência do cansaço, deixarei que ele interfira muito menos.

Mas como ter tempo para estar presente, conectada com o momento, com disponibilidade para os filhos e sem as preocupações com trabalho, com os afazeres da casa, com a rotina e tantas outras preocupações diárias. O primeiro passo é reconhecermos a rotina. De acordo com David Ulrich (2014) os psicólogos relatam que 90% de nossa vida diária são gastos com rotinas. Nós não precisamos pensar o que fazer ao acordar, simplesmente fazemos. Escovamos os dentes, amarramos os sapatos, dirigimos no famoso "piloto automático". E isso pode ser muito bom, pois se precisássemos pensar para realizar cada atividade dessa, com certeza nosso tempo seria ainda mais escasso.

Porém, existem muitas rotinas no nosso dia que realizamos no "piloto automático" que não estão ao encontro do que queremos. É como abrir a geladeira quando se está querendo emagrecer. Ou passar tempo no celular quando podemos dedicar tempo de qualidade a nossos filhos. Precisamos primeiro reconhecer essas rotinas que nos afastam do que realmente queremos, para assim conseguirmos eliminá-las e sairmos do "piloto automático" disponibilizando mais tempo de qualidade para nossos filhos.

7.3. Ajuda a uma amiga...

Durante um bate papo informal, certa vez uma amiga me pediu ajuda, falando que quando via já estava gritando com o filho. Que ela sabia que não deveria gritar, mas quando via já estava gritando e por mais que a culpa tomasse conta, no dia seguinte fazia tudo de novo.

Conversei com ela sobre tudo que está neste capítulo. Falei que era uma reação, que ela deveria buscar identificar os gatilhos e agir em relação a seu filho. Pedi a ela para que quando fosse gritar, pedisse um tempo a seu filho e respirasse fundo, para que pudesse focar no momento presente, analisar a situação, reconhecer os gatilhos e então agir.

Durante aquela semana, ela me mandava mensagens a noite, filmava os comportamentos desafiadores, muitas vezes falava que não tinha gritado, mas que também não sabia o que fazer. Tentava sempre mostrar a ela que existia algo por trás daqueles comportamentos, que eles queriam dizer algo, que se ela se conectasse com seu filho, deixando de lado o que é esperado dela enquanto mãe pelos demais, ela entenderia.

Muitas mães que me procuram relatam a dificuldade de agir da forma como acreditam que deveriam agir, pois sabem que seus pais, amigos, vizinhos irão criticá-las. Me lembro de uma que contou que sabia que seu filho não estava preparado para o desfralde, mas não aguentava mais todos a criticando e agindo como se ele tivesse algum problema por já ter três anos e ainda usar fraldas. Outra que falava que agia corretamente quando as pirraças eram em casa, mas em locais públicos agia de forma ríspida, colocava de castigo, pois sabia que era isso que era esperado dela. O que precisamos ter em mente é quem queremos que nos olhe e nos diga que "acertamos", nossos vizinhos, nossos pais, ou nossos filhos, que carregarão com eles as consequências desses "acertos ou erros" o resto de suas vidas?

Voltando à minha amiga. Não queria pedir diretamente a ela para parar de filmar, pois ela poderia achar que não estava querendo ajudar, mas gostaria que ela percebesse que naquele momento, se ela parasse para filmar, ela não estava presente, não estava conectada com seu filho e isso a afastava de seu objetivo, de conseguir agir frente aquela situação.

Nos encontramos novamente no fim de semana e ela veio me relatar que não estava adiantando. Que algumas vezes ela não gritava, mas parecia que os comportamentos desafiadores aumentavam. Era o que eu precisava para falar com ela sobre a presença, falei que a mudança não seria imediata, mas perguntei se ela já sabia a causa daqueles comportamentos. Ela logo me disse que não, que eram pirraças. Eu falei de como se conectar, dedicar tempo de qualidade, de conhecer a fundo seu filho, de criar uma intimidade emocional e forneci algumas ideias de como ela colocar isso em prática.

Eis que na semana seguinte, tarde da noite ela me liga muito empolgada. Ela me explicou que estava ligando tarde, pois não queria se desconectar do seu filho então só foi telefonar após ele dormir. Ela me disse que o filho já tinha ido dormir e ela estava vendo um filme com marido, quando ele apareceu dizendo estar com fome. Ela disse que ofereceu umas três coisas que ele gostava e, manhosamente ele recusou todas, chorando como se nada estivesse bom. Ela confidenciou que quase por um triz não reagiu, que chegou a pensar em dizer que ele não estava com fome e mandá-lo dc volta para o quarto, mas foi aí que respirou.

Quando ela deu essa pausa, ela disse que veio uma luz na sua cabeça. Que naquele dia ela tinha saído muito cedo para trabalhar e que não tinha dedicado seu tempo de qualidade ao filho. Quem havia o colocado para dormir foi o marido. E pensou que aquela "fome" poderia ser uma "fome de mãe". Ela me disse que ao invés de continuar a oferecer comidas, ela foi se dedicar a ele, que depois o filho aceitou tomar um leitinho (que já havia sido oferecido antes, mas foi negado) e ela o colocou para dormir.

Ela me ligou muito feliz e confesso que fiquei também, pois ficou muito claro para nós como ela havia entendido o que era o agir frente ao reagir. Quando agimos, somos proativos, entendemos o que nossos filhos querem nos dizer e escolhemos como nos comportar. E quando podemos escolher, procedemos da melhor forma, da forma que acreditamos ser o melhor para aqueles que são os mais importantes em nossas vidas.

8. A COMUNICAÇÃO COMO FORMA DE CONEXÃO

> *"Palavras podem ser muros ou pontes. A escolha é nossa"* (Elisama Santos)

A base de toda a relação é a comunicação. O modo como nos comunicamos irá passar muito mais a mensagem do que o que dizemos. Por isso, para criarmos uma relação de qualidade, uma intimidade emocional com nossos filhos, a forma que nos comunicamos fará toda a diferença.

Para uma boa comunicação existir é preciso que todas as partes se envolvam e haja um interesse genuíno pelo outro e pela mensagem que ele está transmitindo. Por isso, um caminho contrário à boa comunicação é ignorar os sentimentos dos nossos filhos. Quando a criança chora e falamos que não foi nada, quando não validamos suas emoções, quando exigimos que ela se controle e aparente tudo bem frente a um cansaço, entre tantas outras atitudes tão comuns realizadas por adultos, ignorando os sentimentos das crianças.

Para agirmos de forma diferente e garantimos o poder da comunicação, precisamos colocar em prática a empatia. Isto é, ao ver uma criança chorando, antes de dizer que ela não tem motivos, antes de pensar "no que eu estaria sentindo?", pensar "o que aquela criança está sentindo?", a partir do ponto de vista dela, da maturidade emocional dela. Empatia não é simples, é exercício, é preciso esforço para colocá-la em prática, eu necessito sair de mim para dar a voz a ela.

Quando a criança chora, ela precisa de acolhimento, não de julgamento ou repressão. Ressalto: acolher não significa concordar, muito menos dar o que ela quer apenas porque está chorando. Acolher significa apenas aceitar aquele sentimento, sem julgar se é bom ou mau. É o mesmo que ocorre conosco, adultos, quando choramos não estamos dispostos a ouvir conselhos ou julgamentos, com a criança é a mesma coisa. Quando aconselhamos, levamos o nosso ponto de vista e isso vai de encontro à empatia. É claro que enquanto pais daremos conselhos a nossos filhos, mas é importante que façamos isso na hora certa, na hora que as crianças estiverem receptivas para ouvir, o que ocorre geralmente em outro momento, após já termos praticarmos a empatia, ou seja, escutarmos sem interrupções e, principalmente, sem julgamentos.

Muitas vezes é difícil nos comunicarmos corretamente quando ouvimos frases do tipo: "Você é chata!", "Eu sou muito feio!" e "Eu odeio o papai!". As respostas saem quase que como reflexo: "Eu não sou chata! Eu só quero o seu bem!", "Está louco?! Você não é feito, você é lindo!" e "Não fale bobagem, você ama seu pai!". Porém, agindo dessa forma, estamos fazemos o oposto de agirmos com empatia, não olhamos a situação do ponto de vista da criança. "Filho, mamãe entende que você não concorda com ela e estou disposta a conversar quando você quiser para nos entendermos.", "Filho, percebo que não está satisfeito com sua aparência hoje. Posso fazer algo para ajudar?" e "Filho, imagino que não gostou de alguma atitude do seu pai, quer falar sobre isso?". Em nenhuma dessas repostas concordamos com a criança, apenas mostramos a ela que o que ela sente é real e tudo bem sentir, demonstramos compreensão.

Quando validamos os sentimentos das crianças e nomeamos seus sentimentos, geramos conexão com elas, mostramos que entendemos o que elas estão sentindo. Isso irá ampliar o reportório emocional delas e desafiará a nós adultos, pois a maioria de nós não foi educada de forma a valorizar os sentimentos e ficamos presos apenas nas suas formas mais genéricas como "bem" ou "mal" e "feliz ou triste".

E nessa nossa dificuldade de validarmos sentimentos, muitas vezes, de forma equivocada, criamos rótulos. Quando validamos os sentimentos de nossos filhos usamos as palavras como ponte de conexão com eles. Em contrapartida, quando usamos rótulos, construímos muros entre nós e nossos filhos.

Os rótulos, independente de positivo ou negativo interferem negativamente na criança reverberando até mesmo na sua vida adulta. Os rótulos como "teimoso", "birrento", "manhoso", servem para reforçar a criança a agir dessa maneira, pois se os pais (as pessoas mais importantes de sua vida) lhe dizem que ela é assim, só resta a ela agir assim. Porém chamar o filho de "superinteligente", "perfeito", rótulos considerados positivos é tão prejudicial quanto usar os rótulos negativos. Eles pressionam a criança a agir dessa forma, a não poder falhar, a corresponder com este rótulo, além de limitar a existência a apenas uma porção daquela pessoa. Rótulos são como prisões.

Ao não usarmos rótulos na comunicação com nossos filhos, ao escutá-los com empatia e ao nomearmos e validarmos os seus sentimentos, estamos estimulando o aumento do repertório emocional e fortalecendo nossa comunicação com eles. Mostramos a nossos filhos que todos os sentimentos são aceitos, ainda que algumas atitudes precisem ser redirecionadas. E ao assumir a responsabilidade pelos nossos sentimentos, aumentamos nossa inteligência emocional e nos modelamos de acordo com as atitudes que queremos ter.

Ao nos comunicarmos, temos que ter cuidado com nossos pensamentos, pois eles já vêm cheios de opiniões com base nas nossas vivências, sentimentos e necessidades vivenciadas naquele momento. Nosso pensamento não é uma verdade absoluta. É só observarmos nossos comportamentos sobre uma mesma pessoa, com atitude semelhante em dias diferentes. Eles podem ser completamente divergentes.

Em um dia, meu filho me pede e insiste para ficar mais tempo na tela, como estou com muito trabalho, acabo cedendo e permitindo. Porém, em outro dia, ao ele insistir, meus pensamentos já começam a me dizer que ele não sabe mais cumprir combinados, que está se tornando um menino teimoso e, com isso, posso acabar reagindo de forma completamente diferente. Quando busco entender qual a necessidade que está por trás dos meus pensamentos e aceito que ele não é uma verdade absoluta, minha comunicação com meus filhos promoverá muito mais conexão.

Marshall Rosenberg traz em seus livros, *Comunicação Não Violenta* e *Vivendo a Comunicação não Violenta*, uma excelente forma de nos comunicarmos e que, com certeza, se aplicarmos dentro da nossa casa, com nossos filhos, entendendo o seu propósito, nos ajudará a proporcionar um ambiente de intimidade emocional e uma conexão real com eles.

Temos visto, inclusive, muitos cursos de como aplicar a Comunicação Não Violenta (CNV), com passo a passo e manuais de como fazer. Quando falamos principalmente da relação com os nossos filhos, entramos no campo emocional, queremos estar em contato com os sentimentos deles por isso, aqui, o mais importante é entendermos o propósito da CNV, não a utilizar simplesmente como ferramenta, pois isso seria uma forma de manipulação com nossos filhos e não iremos jamais criar intimidade emocional usando de manipulação. Se ficarmos cheios de regras, presos a um "passo a passo" ficaremos no campo do racional e não mudaremos a nossa essência, que é o que de fato se comunica com nossos filhos.

Por isso, é importante entendermos que a CNV é um conjunto do tipo de linguagem que usamos, do tipo de pensamento e das formas de comunicação que influenciam para contribuir para o nosso bem-estar na mesma proporção que contribui para o bem-estar dos demais.

Por que então usar o nome de Comunicação Não Violenta ao invés de comunicação amorosa? Porque violência vem de causar dano, ferir alguém ou a si próprio, pode ser tudo aquilo que promove desconexão. Se utilizarmos o nome comunicação amorosa, podemos nos comunicar de forma amorosa, mas sem falar de fato o que pensamos ou sentimos e com isso eu promovo uma desconexão, ou seja, uso da violência.

Usar a abordagem da CNV significa agir por compaixão, não por medo, culpa, vergonha, censura, coerção ou ameaça de punição. É conseguir o que queremos, sem nos arrepender depois. É conseguirmos nos expressar e mostrar o que está vivo em nós e dizer isso com clareza ao outro, apresentando com um pedido e jamais como uma exigência.

Enquanto pais e cuidadores, desejamos ser claros sobre o que queremos dos outros, principalmente sobre as motivações que desejamos que nossos filhos tenham para fazer alguma coisa, dessa forma, torna-se claro que nunca conseguiremos satisfazer nossas necessidades com ameaças ou medidas punitivas. Nunca atenderemos nossas necessidades com punições. Não queremos que alguém faça algo por medo, culpa ou vergonha, dessa forma, todos sairão perdendo. O que quero dizer aqui, é que queremos que nossos filhos passem menos tempo na tela, não por medo de um castigo e sim porque entendem que ela deve ser limitada, pois pode causar prejuízos, ou ainda, melhor, nem querem ficar tanto tempo nas telas, pois o mundo em casa está muito mais divertido e harmônico.

Alguns fatores, fruto da cultura ou da educação tradicional, dificultam nos comunicarmos de forma compassiva naturalmente. Um deles é a linguagem que fomos ensinados a usar. Um exemplo disso é que a mesma palavra pode ter sentido diferente seja em culturas diferentes ou seja devido a valores familiares que são transmitidos através daquela palavra. Outro fator é que fomos muito mais preparados para responder do que para ouvir. Temos que ser rápidos e devemos sempre dar respostas. Isso faz com que tenhamos pouco tempo para refletir sobre aquilo que nos foi dito. E um terceiro fator, é que crescemos em um mundo de coerção. Nossos pais achavam que a única maneira de nos levar a fazer qualquer coisa era nos punindo (castigos) ou nos culpando. Por isso, muitas vezes entendemos qualquer pedido como uma exigência e já ficamos na defensiva. Pois, se não fizermos o que o outro quer, culpa ou ameaças virão.

Outro fator que dificulta nos comunicarmos de forma compassiva é a nossa comunicação conosco. Se eu me julgo, me critico o tempo todo, eu estou incorporando a violência. Se não capaz de respeitar a mim mesma, como serei compassiva com o outro? Para começarmos a aplicar de fato então a CNV o primeiro passo deveria ser ficar um período sem autocríticas. Sermos compassivos com nós mesmos, para que então possamos começar a aplicar isso com nossos filhos.

Após vivenciarmos a compassividade, o respeito a nós mesmos e aos outros, termos um olhar de mais compaixão conosco e com o próximo, estaremos prontos para conhecer os componentes da CNV. Existem quatro componentes na CNV - observação, sentimento, necessidades e pedido. Porém, a CNV vai muito além desses quatro componentes, a CNV é eu ter consciência de como me comunico comigo e, consequentemente, com o outro. Se eu conseguir ter essa consciência e entender o propósito da CNV, esses quatro componentes serão uma consequência da minha forma de comunicação.

O primeiro componente da CNV é a observação. Dentro deste componente, o mais importante é conseguirmos separar a observação da avaliação. As observações são um importante elemento para a prática da CNV, para nos expressarmos clara e honestamente sobre como estamos, porém, se eu combinar essa observação com uma avaliação, diminuo a probabilidade de que o outro escute de fato a mensagem que quero dizer.

Quando avaliamos os outros, estamos analisando através da expressão de nossas necessidades e valores. Destaca-se que comparações também são uma forma de julgamento. Principalmente na relação com nossos filhos, quando comparamos com seus irmãos, amigos ou parentes, eles se sentirão julgados por nós e o que mostraremos a eles é um amor condicional. Serei amado quando fizer tal coisa igual ao meu irmão, primo, etc.

Ressalta-se que a principal ferramenta de vínculo com nossos filhos é fazer com que eles se sintam amados incondicionalmente e, por mais que falemos ou sintamos isso, na maior parte das vezes não é o que eles sentem. Por isso, aqui, ratificamos a necessidade de uma boa comunicação e de extinguir as comparações no dia a dia com nossos filhos.

Outro importante ponto da observação, é não utilizarmos da generalização, pois assim, nossos filhos se sentirão mais uma vez avaliados. Exemplo: "Você é viciado nesse computador, passa o dia todo nele!", foi uma generalização com uma avaliação. Que tal trocarmos por: "Quando eu vejo que você fica tempo demais nesse computador eu me preocupo, pois além de poder trazer prejuízos para sua saúde, você pode abrir mão de atividades que seriam muito mais benéficas para você, como..."?

O segundo componente para a prática da CNV é expressar como nos sentimos. Aprendemos desde cedo a menosprezar nossos sentimentos. Quando chorávamos na infância, alguém dizia "isso não é nada", ou se nos machucássemos "não foi nada! Já passou!", se ficássemos bravos ou com raiva estávamos errados pois não podíamos sentir isso. E assim crescemos nos distanciando cada vez mais daquilo que de fato sentimos, tendo uma dificuldade cada vez maior de falar de nossos sentimentos. Não é de se espantar que nosso repertório de palavras para rotular os outros costuma ser maior do que o vocabulário para descrever claramente como nos sentimos. Por isso, aqui, vale voltar para o início do capítulo quando falamos da importância de nomear e validar sempre os sentimentos de nossos filhos.

O que Marshall nos traz é que quando conseguimos expressar nossos sentimentos, expressamos nossa vulnerabilidade, isso pode nos ajudar a resolver conflitos. Para isso é importante distinguirmos sentimentos de pensamentos. Distinguirmos entre o que sentimos e o que pensamos que somos.

Uma boa tática para conseguirmos realizar essa distinção é que quando podemos trocar o sinto, pelo penso, eu não estou falando de sentimentos. Exemplo: "Sinto-me como uma fracassada enquanto mãe", posso trocar por "Penso que sou uma fracassada enquanto mãe". Eu estou falando de um pensamento, não de um sentimento. Quando eu troco por "Sinto-me preocupada se estou fazendo a coisa certa enquanto mãe", posso trocar por "Estou preocupada se estou fazendo a coisa certa enquanto mãe", estou falando de como eu me sinto, do meu sentimento frente a situação. Nesse caso, eu nem preciso usar a palavra sentir.

Também é importante distinguir entre o que sentimos e como achamos que os outros reagem ou se comportam a nosso respeito. Exemplo: "Sinto-me insignificante para meus filhos", deveria ser "Sinto-me triste...". Pois, quando falo do que eu significo para os outros eu já estou avaliando e julgando o que eles pensam, não mais como eu me sinto.

Abaixo alguns exemplos de sentimentos:

Palavras que tendem a expressar como interpretamos os outros, não como nos sentimos:	Prováveis sentimentos quando nossas necessidades estão sendo atendidas	Prováveis sentimentos quando nossas necessidades não estão sendo atendidas.
Ameaçado	Agradecido	Abatido
Atacado	Alegre	Aflito
Coagido	Aliviado	Agitado
Desacreditado	Calmo	Apavorado
Desapontado	Carinhoso	Assustado
Diminuído	Concentrado	Aterrorizado
Enganado	Confiante	Bravo
Ignorado	Criativo	Cansado
Mal compreendido	Empolado	Chateado
Maltratado	Entretido	Chocado
Manipulado	Excitado	Desolado
Menosprezado	Falante	Encabulado
Negligenciado	Inspirado	Exaltado
Podado	Maravilhado	Frustrado
Preterido	Ousado	Hostil
Provocado	Pleno	Infeliz
Rejeitado	Relaxado	Inseguro
Subestimado	Revigorado	Magoado
Traído	Sensível	Ressentido
Usado	Surpreso	Triste

Fonte: Comunicação Não Violenta Técnicas para aprimorar relacionamentos pessoais e profissionais (ROSENBERG, Marshall, 2006)

O terceiro componente para a prática da CNV é o reconhecimento das necessidades que estão por trás dos sentimentos. O que os outros nos dizem pode ser o gatilho, mas não a causa dos nossos sentimentos. A causa dos nossos sentimentos, principalmente os que consideramos ruins, é sempre uma necessidade não atendida.

Para reconhecermos essa necessidade, principalmente dos outros, é muito importante diferenciarmos necessidade de estratégia. Quando uma mãe diz para seu filho: "Eu vou proibir você de usar o computador", ela está comunicando a estratégia. Se utilizarmos as orelhas da CNV, buscaremos qual a necessidade da mãe por trás dessa estratégia. Uma necessidade de educar seu filho sem acessos a conteúdos proibidos da internet? Necessidade de que seu filho brinque? Necessidade de conexão com seu filho para que possa entender o porquê dele passar tanto tempo no computador? O fato é que, se ela simplesmente proibir o computador e não revelar para seu filho a real necessidade por trás dessa estratégia, é pouco provável que ela tenha êxito, mesmo com a ausência do computador.

Compreender as necessidades dos outros não significa que você tenha que abrir mão das suas. Significa que você se interessa tanto na necessidade dos demais, quanto nas suas. Se todos confiarem nisso, é muito maior a probabilidade de que as necessidades de todos sejam atendidas. Essa é a beleza de quando agimos compassivamente.

Reconhecer as necessidades dos outros é tão importante quanto reconhecer as nossas próprias. Quando eu não reconheço, ou não estou atento às minhas necessidades eu uso meu poder sobre o outro, eu espero que o outro responda às necessidades que não identifico. Muitas vezes eu estou cansada, com fome, preocupada, ansiosa, com medo e nem me dou conta de que estou com uma dessas necessidades não sendo atendidas.

Um exemplo muito comum é uma mãe cansada que exige do filho, uma criança, silêncio ou ficar quieta, quando a criança está cheia de energia, mas esperando que ela atenda a sua necessidade de descansar.

Não enxergar as próprias necessidades é se desconectar de si mesmo e consequentemente do outro. E quando estou desconectado, causo dano, ou seja, pratico violência contra mim mesmo ou contra os demais. Por isso ter atenção e reconhecer nossas próprias necessidades é tão importante quanto as dos demais. E ainda, se não reconhecer as minhas, não conseguirei reconhecer as dos outros.

Destaca-se a diferença de sentimentos para necessidades. Necessidade é aquilo que eu preciso ou valorizo, é a forma como a vida se manifesta em mim. Enquanto os sentimentos são as consequências das necessidades, de quando elas estão sendo atendidas ou não.

O quarto componente para praticar a CNV é o pedido. O primeiro passo para realizarmos um pedido com uma chance maior de sucesso é utilizar uma linguagem positiva. Muitas vezes falamos para nossos filhos o que não queremos que eles façam. Exemplo: "Não quero você tanto tempo no computador". O que acontece é que com esse pedido, meu filho não sabe o que quero, pois só disse a ele o que não quero. O ideal é formularmos os pedidos em linguagem clara, positiva e com ações concretas revelando o que realmente queremos. Para exemplificar: "Filho, quero que você fique apenas 1 hora no computador, pois assim não irá te prejudicar e restará tempo para estar com a família, fazer as atividades da escola e descansar."

Em situações de conflito, falar o que não queremos gera ainda mais confusão e resistência. Por isso devemos sempre estar atentos a utilizarmos as ações positivas e concretas.

Um outro equívoco de quando realizamos pedidos, é muitas vezes não termos de fato a consciência do que estamos pedindo. Exemplo de um diálogo entre a mãe e o pai, quando a mãe fala para o pai: "nunca vi um menino passar tanto tempo no computador" e o pai não fala nada... Ela insiste, falando mais alto "nunca vi um menino passar tanto tempo no computador" até que o pai responde: "Você quer que eu faça o que? Que eu jogue fora o computador?". O que não ficou claro é que por trás desse "tanto tempo no computador" havia o pedido de uma necessidade referente a preocupação de uma mãe com o tempo no computador e os prejuízos que isso pode causar. Ao invés disso, ela colocou uma frase solta, sem de fato fazer o pedido, colocar sua necessidade e expor seu sentimento.

Um outro importante ponto na hora de realizar um pedido é expressarmos nossos sentimentos. Quando realizamos solicitações não acompanhadas de sentimentos e necessidades do solicitante, essas podem soar como exigências. Exemplo de quando não colocamos nossas necessidades e sentimentos: "Filho, por que você não sai do computador?". A criança ou jovem poderá ficar perdida, sem entender de fato o que a mãe deseja. Caso ela opte por utilizar a CNV e realizar o pedido numa linguagem positiva, colocando seus sentimentos e necessidades, ela falaria: "Filho, quero que você saia um pouco do computador agora. Fico preocupada pois o excesso de telas pode trazer prejuízos para seu desenvolvimento. O que acha de agora conversarmos e você me contar como foi seu dia enquanto preparamos juntos o jantar?".

Quando praticamos a CNV, somos claros a respeito do que queremos obter e isso faz com que seja mais provável que consigamos. E para termos certeza de que o pedido que solicitamos foi de fato entendido como gostaríamos, podemos sempre solicitar ao ouvinte que o repita para nós.

Esses quatro componentes (observação, sentimentos, necessidade e pedido) da CNV são apenas uma parte, pois sem empatia eles jamais funcionarão e nos auxiliarão na conexão com nossos filhos. Empatia é compreender respeitosamente o que os outros estão vivendo. É escutar o outro e estar conectado com o que ele traz de sentimentos naquele momento, sem se preocupar se faz sentido, com a história, fatos.

Na CNV, empatia é essencial, não renunciar a alguma coisa ou ceder. Ouvir, respeitar, entender as necessidades do outro, não significa que tenhamos que fazer o que se pede.

Quando usamos a Empatia junto com a CNV, não importa as palavras que as pessoas usam para se expressar, iremos buscar sempre pelas observações, sentimentos e necessidades. Queremos saber o que está vivo nelas naquele momento e como poderemos contribuir para satisfação das necessidades de todos. Na empatia, estou presente por inteiro com os outros enquanto eles expressam seus sentimentos. Quando sou solidária, estou presente com os meus sentimentos, sentindo-os.

A CNV se baseia em práticas respeitosas que promovem a cooperação genuína. Atuar cooperando genuinamente ocorre quando todos confiam que suas necessidades e valores serão respeitados e levados em conta. No momento que estabelecemos certa qualidade de conexão humana entre as partes envolvidas, a probabilidade de resolver disputas de maneira gratificante aumenta consideravelmente ou mesmo, nem chegam a ocorrer. Quando as coisas são feitas de um jeito humano, genuíno, é muito difícil distinguir quem dá e quem recebe. Apenas quando interagimos de maneira julgadora é que dar não é muito divertido. A mentalidade julgadora afasta a ideia de que podemos expressar sentimentos e vontades sem que ninguém esteja errado.

Por isso, defendemos a utilização da CNV principalmente na relação pais e filhos, pois agir de forma genuína, com empatia e confiança mútua é fundamental para o estabelecimento de um vínculo de qualidade.

Se queremos que a criança ou adolescente simplesmente faça de um jeito diferente, a punição pode até funcionar. Mas quais são as razões para a criança mudar a sua forma de agir? Quando nos fazemos essa pergunta, veremos que a punição além de não funcionar, também impede as crianças e adolescentes a fazerem as coisas pelas razões que gostaríamos que as fizessem.

Temos que exercitar nossa capacidade de dizer a nossos filhos se o que eles estão fazendo está em harmonia ou em conflito com as nossas necessidades e de uma forma que isso não cause culpa nem vergonha. Essa mudança de comportamento nossa, de deixar de classificar com certo e errado, bom ou mau e passar a usar uma linguagem baseada em necessidades, não é fácil, visto que fomos educados por pais, professores e uma cultura moralista, sempre usando o certo e o errado como base. Isso também nos exige a capacidade de praticar a empatia, estarmos presentes quando nossos filhos estiverem angustiados, sem intervir, dar conselhos ou tentar consertar a situação.

Enquanto pais, devemos perceber que o que todos nós queremos, quando sentimos dor, é presença e empatia. Os conselhos até são bem-vindos, mas só depois de recebermos a conexão empática.

O medo da punição, a culpa, é o que faz com que muitas vezes recebamos um pedido como uma exigência. E é isso que tira a alegria e a vontade de fazer as coisas de forma compassiva.

Porém, se conseguimos de fato entender como um pedido, abolirmos o medo e a culpa, transmitiremos um amor incondicional. Isso não quer dizer que temos que gostar de tudo que nosso filho faz. Nem que temos que renunciar a nossos valores e necessidades. Basta deixar claro que, quando alguém não atende a um pedido, eu o respeito da mesma forma de quando o atende. O amor incondicional exige que, não importa como o outro se comporte, ele sente e sabe que receberá de nós uma determinada qualidade de compreensão.

Para Marshall, a CNV surge da tentativa dele de entender o conceito de amor e de como manifestá-lo, como praticá-lo. Ele chegou à conclusão de que o amor é se doar de certa maneira, assim como a CNV. O que buscamos com a CNV é a doação compassiva, prestar serviço a nós e aos outros não pode vir como obrigação, não pode conter medo de punição ou expectativa da recompensa, não por culpa ou vergonha, mas pela nossa natureza que é gostarmos uns dos outros. Na CNV nos conectamos de forma que nossa natureza se revele.

A CNV se transforma numa metodologia para superar nosso treinamento cultural, mas devemos deixar claro que o objetivo nunca é praticar a CNV. Praticar a CNV não é o lugar, o lugar é se conectar com as pessoas de forma empática, com respeito mútuo às suas necessidades e às delas e é exatamente este o local que devemos ter com nossos filhos.

8.1. Pedro é nerd!

Após uma palestra (Como se conectar com seu filho para ele se desconectar das telas) no auge da pandemia, recebo uma mensagem no direct do meu Instagram. Era um pai, aflito, dizendo que havia assistido à palestra, que estava muito preocupado com o filho Pedro, de 12 anos, mas que toda vez que tocava no assunto com a esposa eles brigavam.

Marcamos um primeiro encontro *online*, eu e eles (os pais). O motivo deles brigarem sempre que o assunto e preocupação com as telas vinha à tona, ficou muito claro. Ambos comunicavam sua estratégia e, apesar de terem a mesma necessidade, como divergiam em relação à aplicação dela, acabavam brigando. A mãe dizia que tinha que tirar o computador do quarto do filho, o pai não concordava. O pai dizia que ele não poderia usar durante a semana. A mãe disse que não tinha como, pois, as aulas eram *online*. E nenhum dos dois em momento algum colocava a real necessidade de conexão com o filho.

Fui então investigando e perguntando mais sobre Pedro. Como ele era, o que gostava de fazer, sobre seus amigos. O pai me contou que "Pedro é nerd desde pequeno" e sua mãe logo completou "um super nerd", comecei a investigar um pouco mais essas frases e o que eles queriam dizer com "nerd". Eles me contaram que desde pequeno Pedro tem grande habilidade com eletrônicos, que com 5 anos ensinou uma funcionalidade do tablet para mãe, falavam sobre isso com muito orgulho.

Contaram que deixavam livre as telas e que o fato dele ser nerd nunca foi um problema, até aquele instante. Relataram que no momento, ele praticamente não saia do quarto, só ficava no computador, ora em aula, ora jogando. Que mal interagia com as pessoas da casa. Que se deixassem ele nem comeria. E que o momento de comer estava sendo um martírio para todos, pois era o momento que eles falavam que ele estava comendo rápido para voltar às telas e aí as brigas começavam.

Não podemos aqui não considerar os efeitos da pandemia, onde as telas foram uma necessidade, devido às aulas *online* e a escassez de entretenimento fora delas.

Porém, expliquei aos pais de Pedro o poder do rótulo e do quanto aquilo restringia a personalidade do filho deles. Falei do quanto era esperado de Pedro ficar nas telas, já que ele era um super nerd e com isso, o que eles queriam dizer era habilidade com computadores, tablets etc.

Falei também de como a forma de se comunicar estava ajudando nos conflitos, seja entre os pais ou com o filho. Que muitas vezes eles comunicavam a estratégia, mas não revelavam a necessidade que estava por trás dela, muito menos faziam um pedido para que fossem atendidos. Sugeri e trabalhei com eles os livros do Marshall, claro.

E, por último, falei que não adiantaria a comunicação, pedido correto, com sentimentos, se ele não tivesse de fato a disponibilidade dos pais, tempo de qualidade com eles, se eles não oferecessem alternativas para o tempo fora da tela, principalmente nesse período pandêmico.

O resultado? Um rótulo extinto, uma família muito mais conectada entre si e diversos campeonatos de jogos de tabuleiro.

9. FECHAMENTO: CONSIDERAÇÕES FINAIS

Não temos a menor dúvida de que a habilidade com o uso de tecnologias e telas será muito requerida no futuro, assim como já é no presente. Mas as habilidades adquiridas devido as consequências do seu uso em excesso não.

Sedentarismo, alienação do mundo real, agir sem pensar, inabilidade social, problemas de visão, problemas posturais, instabilidade e regressão emocional, além dos riscos de exposição a conteúdos impróprios, são algumas das consequências desse excesso de exposição às telas.

Pensando no hoje, pode ser que não vejamos muito mal, mas quando olhamos a longo prazo os efeitos podem ser ainda mais sérios. Essa também é a diferença de uma educação tradicional para uma parentalidade positiva ou consciente.

Quando pensamos na educação tradicional e seus efeitos a curto prazo pode ser que não vejamos grandes males. Quando punimos nossos filhos com castigos, por exemplo, podemos até ver a extinção do comportamento indesejado. Mas olhando a longo prazo, será que ensinamos a nosso filho como analisar a situação para fazer a escolha correta? Será que ao puni-lo, não abrimos mais um vazio interno que será fonte de vícios e dependências no futuro, como o excesso de telas dentre tantos outros?

Muitas vezes somos imediatistas e pensamos apenas no agora, mas se tratando da relação com nossos filhos, minha sugestão é pensarmos diferente. Não conheço nenhuma outra relação tão duradoura quanto a de pais e filhos, por isso acho que vale investirmos para que essa relação seja sempre pensada no presente e futuro. Quando mudamos nossa forma de educar, iremos pensar a longo prazo.

As nossas atitudes de hoje contribuirão para a formação da personalidade que nossos filhos terão amanhã. É claro que teremos mais variáveis durante o processo de formação de personalidade dos nossos filhos, porém praticamente tudo que fizermos hoje reverbera no futuro.

Por isso, enfatizamos que a educação deve ser pensada a longo prazo, porém as atitudes e habilidades que desejamos ver nos nossos filhos devem ser ensinadas hoje.

E justamente por pensar numa educação que os prepara para vida é que devemos sim ensinar que todos os sentimentos são aceitos, embora algumas atitudes não. Somos seres emocionais e quanto mais tentarmos fugir de um sentimento, mais tempo ficamos com ele. Quando nos esforçamos em não sentir, destinamos energia para uma causa perdida e podemos ser surpreendidos a qualquer minuto com a volta desse sentimento.

Ressaltamos a importância dos sentimentos neste livro por ser justamente o contrário do que a educação tradicional prega e por acreditar que se déssemos a devida importância a eles, teríamos muito mais inteligência emocional e a grande maioria dos problemas que existem nos relacionamentos hoje, como a desconexão com os filhos, não existiriam.

Elisama Santos, no seu livro *Educação Não Violenta* salienta que sentimentos são como bússolas, eles nos mostram se as nossas necessidades estão ou não sendo atendidas. Seguir sem olhar para eles é estar perdido.

Quando entendemos nossos sentimentos, identificamos a necessidade que está por trás deles, sabemos que nós somos os responsáveis por eles e isso nos torna capazes de cuidar melhor de nós mesmos e dos demais. Agindo dessa forma, somos capazes de nos regular emocionalmente, o que é condição para uma educação emocional inteligente.

Desenvolver a inteligência emocional de nossos filhos é dar a eles a capacidade de reconhecer e lidar com seus próprios sentimentos e emoções e quando desenvolvem essa capacidade, podem utilizá-los a seu favor, além de compreender e lidar com os sentimentos do outro.

Para educarmos nossos filhos pensando a longo prazo, devemos extinguir rótulos como birra e pirraça que só servem para desconsiderar os sentimentos da criança. Enquanto pais, devemos entender o que está por trás daquele choro e sabermos que nós somos os responsáveis pela alfabetização emocional dos nossos filhos, afinal, os sentimentos da criança interferem diretamente no comportamento e na saúde física e mental delas.

Por isso, para promovermos uma melhora na saúde mental de todos no futuro, devemos investir em nossas crianças hoje. Podemos começar com licenças maternidade e paternidade mais longas, flexíveis e humanizadas. Mais psicoterapeutas conhecedores das contribuições da neurociência e do apego seguro na relação entre pais e filhos, e ajudando os pais a descontruírem a repetição de padrões emocionais danosos. Pais que estudem para desempenhar o papel mais importante das suas vidas e conheçam a fundo os benefícios do exercício de uma parentalidade consciente. Escolas preparadas para educar sem punições e castigos e com um olhar renovado para a infância. De certa forma, todas essas iniciativas já existem, porém ainda de forma fragmentada e muito aquém do que precisamos para mudar toda uma realidade. Sabemos, entretanto, que todas elas têm custo e por mais que gerem economia, essa só será vista a longo prazo.

Sugiro então começarmos com as mudanças que nós mesmos, enquanto pais, cuidadores, tios ou simplesmente adultos responsáveis, podemos fazer. Sermos sempre o amparo para uma criança, acreditar que todas elas nascem completas, maravilhosas e que nosso papel é só apoiar para que elas possam exercer aquilo que elas nasceram para fazer. Respeitá-las, não as diminuir em relações hierarquizadas e patriarcais. Não apresentar aos filhos nossas opiniões como se fossem fatos inquestionáveis. Reconhecer que eles são quem são, não nossas expectativas ou o que gostaríamos que fossem. Aceitar nossos filhos exatamente como são, sua natureza é essencial para um relacionamento profundo e uma intimidade emocional, afinal, qualquer relação se torna muito mais fácil quando se pode ser quem é.

Ressalto, mais uma vez, que somos nós, os adultos, os responsáveis por essa tão importante relação. Precisamos reconhecer os estados emocionais de nossos filhos, nomeá-los e ajudá-los da organização deles. Crianças que se sentem protegidas e amparadas terão mais desenvoltura e confiança.

Deixo claro que, quando falo em responsabilidade, falo como oposto à culpa. Enquanto pais, a culpa é um sentimento que nos assombra, que faz acharmos que poderíamos ter feito mais ou melhor, um sentimento que dói, mas que nos deixa no mesmo lugar. Por isso, aqui, chamo para a responsabilidade, para cada "erro" que cometermos em relação aos nossos filhos, para cada dia que acharmos que se tivéssemos feito diferente seria melhor, vamos usar como oportunidades de aprendizado. Sempre é possível reestabelecer a conexão com nossos filhos e fortalecermos o nosso vínculo junto a eles. A responsabilidade nos chama para exercer uma parentalidade positiva, mas, sabendo que erros fazem parte do processo e são uma excelente fonte de aprendizado. A responsabilidade nos chama a agir todos os dias buscando atuarmos como pais excelentes (aqueles que buscam o melhor para seus filhos) mas com a consciência de que jamais seremos perfeitos.

Pais que buscam a excelência, o vínculo, a conexão, que é uma potência capaz de transformar qualquer relação. Quando destinamos tempo de qualidade a nossos filhos, algo tão falado neste livro, investimos na conexão com eles. E é através dessa conexão que diminuiremos os vazios internos que são fonte de vícios e dependência, é através dela também que saberemos quando algo não vai bem com nossos filhos, é por meio dela que o mundo real será muito mais interessante que o virtual, e ela também será a nossa maior aliada para saber quando o uso de telas já não está mais de forma saudável.

Não é possível mais hoje imaginar o mundo longe das telas. Existem pesquisadores que dizem que a quantidade de informação que circulará na *web* nos próximos dois anos será maior do que todo conhecimento acumulado durante a história humana. Não há como imaginar que isso não causará algum impacto em nossas vidas.

É como imaginar que a educação escolar se manterá a mesma após a pandemia. Todos já observávamos a necessidade de uma reinvenção da educação. Que a escola não estava mais preparada para receber os alunos de hoje e a pandemia escancarou essa necessidade. E nesse sentido, as telas podem e devem ser aliadas. É só olharmos o interesse das crianças e até mesmo universitários frente a aulas com metodologias de *gamificação*, isto é, exercícios que tomam características de *videogames*, como sensação de progressão e desafio ao mesmo tempo em que se mantêm motivadores. Essa é apenas uma (e bem pequena) das reinvenções que a escola precisará passar para se preparar para esse novo aluno.

Por exatamente querer preparar nosso filho para o amanhã e não apenas para o hoje que precisarmos estar verdadeiramente presente no agora. Desligarmos nosso piloto automático nos momentos de interação com os nossos filhos e destinarmos a eles toda a nossa atenção. Ajudá-los a conhecer e reconhecer seus sentimentos e necessidades, desenvolver sua autonomia, sua capacidade de tomar decisões e a responsabilidade pelo autocuidado, dessa forma transformaremos não só a nossa relação com eles, mas toda uma realidade de pessoas mais empáticas e emocionalmente inteligentes.

Investir no tempo de qualidade com nossos filhos, estudarmos para essa relação, buscarmos o nosso melhor nela, criarmos intimidade emocional com eles, estando abertos para o que eles nos trouxerem e levar coisas nossas para eles também, fazer nossos filhos se sentirem verdadeiramente amados, sentirem (e não ouvirem) que o nosso amor é incondicional, só promoverá a nossa conexão com eles. E é justamente essa conexão a melhor prevenção para o uso não saudável das telas e também remédio para quando já tivermos um uso excessivo.

Essa relação de intimidade emocional, essa conexão com nossos filhos, além de promover a inteligência emocional deles, ser preventivo e remédio para o uso não saudável das telas, ainda irá prepará-los para o amanhã. Nossos filhos sairão das nossas casas um dia e a tendência é que fiquemos muito mais tempo com eles fora da nossa casa do que dentro dela. Qual papel teremos na vida dos nossos filhos quando não estiverem mais "embaixo das nossas asas"? Qual papel queremos ter quando eles não morarem mais conosco?

Acredito que a maioria de nós quer continuar a fazer parte da vida dos filhos, por isso é que devemos agir como facilitadores na sua educação (jamais ditadores), saber que vamos guiá-los, mas nunca determinaremos quem serão. Nossa educação e valores, serão as vestimentas que eles usarão, as ferramentas que terão para lidar com as adversidades, por isso é que devemos abolir as ordens e agir com as orientações.

Assim como não conseguiremos afastar nossos filhos das telas se estivermos o tempo todo nelas, não ensinaremos nossos filhos a serem pessoas compassivas e empáticas se não conseguirmos praticar essas atitudes internamente. Não vamos conseguir cuidar dos nossos filhos, sem cuidar dos pais deles.

Muitas vezes nos deparamos nas redes sociais com famílias de margarinas, *checklists* de maternidade, dicas de como educar os filhos que só "dão certo" com os filhos dos outros, que mais nos afastam de sermos bons pais do que ajudam. Digo afastam pois muitas vezes colocam o holofote em práticas como alimentar o filho com 5 cores no prato, fazer com que seu filho nunca faça uma pirraça, fazer com que seu bebê durma a noite inteira, desfraldar a criança antes dela começar na escola, que além de muitas serem práticas desrespeitosas com as crianças, ainda tiram o foco na relação que deveria ser sempre nossa principal preocupação. Isso sem falar na culpa, pois ao vermos isso nas redes sociais, na conversa com amigos, podemos acreditar que isso existe e nos sentimos mal por não conseguirmos.

Não somos super-heróis, mas devemos ser os melhores pais para nossos filhos. E isso não acontece com manuais ou não praticando erros. Isso acontece nos conectando aos nossos filhos, conhecendo-os e reconhecendo suas emoções, aprendendo com nossos erros, afinal de contas só conseguimos transformar aquilo que aceitamos.

Isso acontece também quando cuidamos de nós, quando estamos atentos às nossas necessidades para conseguir reconhecer as deles. Muitas vezes nos cobramos pela falta de paciência com nossos filhos, frente a rotina e correria do dia a dia. E sabe qual a melhor forma de termos mais paciência? Nos divertindo! Os momentos de descontração, as gargalhadas, o lazer interferem diretamente na nossa paciência, por isso nos divertir faz bem para nós e nossos filhos!

E, uma última ressalva. Cuidado para não cair na armadilha de que só existe uma solução possível para cada atitude ou comportamento dos nossos filhos. Nesse caso, estaríamos buscando a solução "certa". Cada comportamento nos comunica alguma coisa. Cada solução tem suas consequências. Para um mesmo objetivo, existem vários caminhos possíveis. A ideia de que há uma coisa "certa" a ser feita em toda e qualquer circunstância, diminuiu a complexidade e unicidade que temos enquanto seres humanos e gera nos pais um sentimento de culpa inútil e destrutivo. A estratégia escolhida, se conectada a nossos filhos, será a melhor estratégia. Os resultados nem sempre serão imediatos, mas se o nosso propósito for estar conectado a nossos filhos, respeitá-los, estabelecermos uma relação de intimidade emocional e buscarmos o melhor para eles e por eles, esse será o nosso caminho "certo".

9.1. Minha história que deu origem a este livro...

Há alguns anos, num lindo sábado de sol:

— Filho, vamos à praia?

Nem me olha, e diz que não quer ir. Eu rapidamente entendo que quer ficar no computador, confesso que fico com raiva (luz acessa no painel, mas não sabia que a minha raiva vinha de uma mãe ausente, que não só não sabia atender às necessidades do filho como não sabia nem as reconhecer).

Após a mudança mais linda da minha vida, estudar e me dedicar ao relacionamento mais importante, a reconhecer minhas falhas, me desculpar por elas e mudar toda a minha rota:

Computador quebrado e descobri dois dias depois quando precisou do meu para acessar a árvore de livros da escola.

REFERÊNCIAS

BOWLBY, John. *Apego e Perda:* apego, v.1 3ª edição. Tradução de Álvaro. São Paulo: Martins Fontes, selo Martins, 2002.

BOWLBY, John. *Formação e rompimento dos laços afetivos*. 5ª ed. Tradução de Álvaro Cabral; revisão da tradução Luiz Lorenzo Riviera. São Paulo: Martins Fontes, 2015.

CHAPMAN, Gary. CAMPBELL, Ross. *As 5 linguagens do amor das crianças: como expressar um compromisso de amor a seu filho*. 2ª edição. Tradução de Maria Emilia de Oliveira. São Paulo: Mundo Cristão, 2017.

DIAS, Magda Gomes. *Berra-me baixo:* 21 dias para deixares de gritar com teu filho. Lisboa, Manuscrito, 2018.

DIAS, Magda Gomes. *Crianças Felizes:* o guia para aperfeiçoar a autoridade dos pais e a autoestima dos filhos. 1ª edição. Barueri (SP): Manole, 2020.

EISENSTEIN, E. PFEIFFER L, GAMA MC, ESTEFENON S, CAVALCANTI SS, SILVA EJC, et al #MENOS TELAS #MAIS SAÚDE. *Manual de orientação*: grupo de trabalho saúde na era digital (2019-2021) Rio de Janeiro (RJ): Sociedade Brasileira de Pediatria (SBP), 2019. Disponível em: <https://www.sbp.com.br/

fileadmin/user_upload/_22246c-ManOrient_-__MenosTelas__MaisSaude.pdf>. Acesso em: mai. 2020.

FILLIOZAT, Isabelle. *Meu filho me enlouquece*. Ilustração de Anouk Dubois. Tradução de Dorothée de Bruchard, Rio de Janeiro: Sextante, 2018.

FILLIOZAT, Isabelle. *Já tentei de tudo!*. Ilustração de Anouk Dubois. Tradução de Daniela Cerdeira. Rio de Janeiro: Sextante, 2018.

FORMAÇÃO EM ATUAÇÃO CONSCIENTE. Escola da Educação Positiva. Belo Horizonte, 2021.

GOMES, Anna Caroline Guimaraes. CASTRO, Lais Rytholz. BRITO, Lara Medeiros Pirauá. CUNHA, Mariana Alves. RIBEIRO, Marina Viegas Moura Rezende. Miopia causada pelo uso de telas e aparelhos eletrônicos: uma revisão de literatura. *Revista Brasileira de Oftalmologia*. Disponível em: < https://www.scielo.br/j/rbof/a/RqBxKbL4mgwxnZhFFftZYSM/?lang=pt>. Acesso em: 30 jul. 2021.

GERHARDT, Sue. *Por que o amor é importante:* como o afeto molda o cérebro do bebê. 2ª edição. Tradução de Maiza Ritomy Ide. Revisão técnica de Luciana Vellinho Corso. Porto Alegre: Artmed, 2017.

GUTMAN, Laura. *A maternidade e o encontro com a própria sombra*. 10ª edição. Tradução de Luis Carlos Cabral e Mariana Laura Corullón. Rio de Janeiro: BestSeller, 2017.

GUTMAN, Laura. *O que aconteceu na nossa infância e o que fizemos com isso*. 6ª edição. Tradução de Mariana Corullon. Rio de Janeiro: BestSeller, 2020.

GUTMAN, Laura. *Uma civilização centrada na criança: como uma criação amorosa pode revolucionar o mundo*. 1ª edição. Tradução de Luis Carlos Cabral. Rio de Janeiro: BestSeller, 2021.

HOEPERS, Cristine. *Guia Internet Segura para seus filhos*. Produção: CERT.BR, NIC.BR, CGI.BR. Também disponível em: <internetsegura.br>. Acesso em: 05 jan. 2022.

JUUL, Jesper. *Sua criança competente*. Tradução de Marco Antonio Castilho. Osasco: Editora Novo Século, 2002.

MATE, Gabor. *The wisdom of Trauma*. Disponível em: <https://drgabormate.com/the-wisdom-of-trauma/> Acesso em: 17 jun. 2021.

MILLER, Alice. *No princípio era a educação*. Tradução de Eurides Avence de Souza. Revisão da tradução de Karina Janini. São Paulo: Martins Fontes, 2006.

MIRANDA, Debora Marques de. MALLOY-DINIZ Leandro Fernandes. *O pré-escolar*. 1ª edição. São Paulo: Hogrefe, 2018.

NELSEN, Jane. *Disciplina Positiva*. 3ª edição. Tradução de Bernadette Pereira Rodrigues e Samantha Schreier Susyn. Barueri, SP: Manole, 2015.

ROCHA, Lucas. Aumento da exposição às telas, ampliado pela pandemia, pode prejudicar a visão. *CNN Brasil*. Disponível em: <https://cnnbrasil.com.br/saude/2021/07/10/aumento-da-exposicao-as-telas-durante-a-pandemia-pode-prejudicar-a-visao>. Acesso em: 30 jul. 2021.

ROSENBERG, Marshall B. *Comunicação não-violenta:* técnicas para aprimorar relacionamentos pessoais e profissionais. Tradução de Mário Vilela. São Paulo: Ágora, 2006.

ROSENBERG, Marshall. *Vivendo a Comunicação não Violenta*. Tradução de Beatriz Medina. Rio de Janeiro: Sextante, 2019.

SANTOS, Elisama. *Educação não Violenta:* como estimular autoestima, autonomia, autodisciplina e resiliência em você e nas crianças. São Paulo: Editora Paz e Terra, 2019.

SIEGEL, Daniel J. BRAYSON, Tina Payne. *O cérebro da criança:* 12 estratégias revolucionárias para nutrir a mente em desenvolvimento do seu filho e ajudar sua família a prosperar. 1ª edição. Tradução de Cássia Zanon. São Paulo: nVersos, 2015.

ULRICH, David. *Sustentabilidade da Liderança:* 7 disciplinas para transformar intenções em ações eficientes. Tradução de Bruno Alexander. São Paulo: HSM Editora, 2014.

YOUNG, Kimberly S. ABREU, Cristiano Nabuco de. *Dependência de internet em crianças e adolescentes:* fatores de risco, avaliação e tratamento. Organizadores: Kimberley S. Young, Cristiano Nabuco de Abreu. Tradução de Mônica Giglio Armando. Porto Alegre: Artmed, 2019.